Sachkundig im Pflanzenschutz

Dr. K. König †/W. Klein/W. Grabler

Sachkundig im Pflanzenschutz

Arbeitshilfe zum Erlangen des Sachkundenachweises im Pflanzenschutz

Prüfungsfragen mit Antworten

Siebte, durchgesehene Auflage

VERLAGSUNION AGRAR

BLV Verlagsgesellschaft München
DLG Verlag Frankfurt (Main)
Landwirtschaftsverlag Münster-Hiltrup

Die Deutsche Bibliothek – CIP-Einheitsaufnahme

König, Klaus:
Sachkundig im Pflanzenschutz : Arbeitshilfe zum Erlangen des Sachkundenachweises im Pflanzenschutz ; Prüfungsfragen mit Antworten / König/Klein/Grabler. – München : BLV-Verl.-Ges. ;
Frankfurt (Main) : DLG-Verl. ;
Münster-Hiltrup : Landwirtschaftsverl. ;
(Verlags-Union Agrar)
Teilw. außerdem im Verl. BUGRA SUISSE, Wabern-Bern
ISBN 3-405-15590-8
ISBN 3-405-14743-3 (5. Aufl.)
ISBN 3-405-14173-7 (4. Aufl.)
ISBN 3-405-13897-3 (1.–3. Aufl.)

[Hauptbd.]. – 7., durchges. Aufl. – 2000
kart.

Fragenkatalog. – 7., durchges. Aufl. – 2000
geh.

Bildnachweis:
LEL Kemnat (2), Fa. BASF (2).
Alle anderen Abbildungen stammen von der LBP
und den Autoren.

BLV Verlagsgesellschaft
München Wien Zürich
80797 München

Das Werk einschließlich aller seiner Teile ist urheberrechtlich geschützt. Jede Verwertung außerhalb der engen Grenzen des Urheberrechtsgesetzes ist ohne Zustimmung des Verlags unzulässig und strafbar. Das gilt insbesondere für Vervielfältigungen, Übersetzungen, Mikroverfilmungen und die Einspeicherung und Verarbeitung in elektronischen Systemen.

© BLV-Verlagsgesellschaft mbH, 2000
München   0 1 2 3 4 5 6 7 8 9 0

Umschlaggestaltung: Parzhuber & Partner, München
Umschlagfoto: Fa. Bayer
Lektorat: Dr. W. Alsing
Herstellung: Hermann Maxant
Satz: Satz+Layout Fruth GmbH, München
Druck und Bindung: Ludwig Auer, Donauwörth
Printed in Germany · ISBN 3-405-15590-8

Inhaltsverzeichnis

Vorwort **8**

Sachkundig im Pflanzenschutz **9**

1 Schadensursachen bei Pflanzen und Pflanzenerzeugnissen **15**
1.1 Unkräuter und Ungräser 15
1.2 Pilzkrankheiten 15
1.3 Tierische Schädlinge 17
1.4 Bakterien 19
1.5 Viren 19
1.6 Nährstoffmangel/-überversorgung 21
1.7 Weitere Schadensursachen 21

2 Das Pflanzenschutzgesetz **22**
2.1 Zweck des Pflanzenschutzgesetzes 22
2.2 Wichtige Einzelbestimmungen des Gesetzes 23

3 Zulassung und Kennzeichnung von Pflanzenschutzmitteln **26**
3.1 Gang der Zulassung eines Pflanzenschutzmittels 27
3.2 Informationen auf der Packung und in der Gebrauchsanleitung 28

4 Eigenschaften, Wirkungen und Anwendungsverfahren von Pflanzenschutzmitteln **33**
4.1 Begriffserklärungen 33
4.2 Bestandteile eines Pflanzenschutzmittels 33
4.3 Saat- und Pflanzgutbehandlung 34
4.4 Herbizide 36
4.5 Fungizide 39
4.6 Insektizide 40
4.7 Wachstumsregler und Keimhemmungsmittel 42
4.8 Rodentizide 43
4.9 Verhalten chemischer Pflanzenschutzmittel 44

5 Integrierter Pflanzenschutz **46**
5.1 Grundsätze des Integrierten Pflanzenschutzes 47
5.2 Instrumente des Integrierten Pflanzenschutzes 48
5.3 Indirekte Bekämpfungsverfahren 53
5.4 Direkte Bekämpfungsverfahren 54

6 Anwenderschutz beim Umgang mit Pflanzenschutzmitteln **59**
6.1 Einkauf von Pflanzenschutzmitteln 59
6.2 Aufbewahrung von Pflanzenschutzmitteln 59
6.3 Transport von Pflanzenschutzmitteln 60

6.4 Ansetzen von Pflanzenschutzmitteln 60
6.5 Schutzkleidung für Anwender 61
6.6 Verhalten bei Unfällen mit Pflanzenschutzmitteln 63

7 Verbraucherschutz 64

7.1 Höchstmengenfestsetzung 64
7.2 Wartezeiten 68
7.3 Anwendungsverbote und -beschränkungen 70

8 Schutz des Naturhaushaltes 71

8.1 Beseitigen von Restmengen 71
8.2 Trink- und Grundwasserschutz 74
8.3 Bienenschutz 79
8.4 Schutz von Nützlingen 81
8.5 Wildschutz 83

9 Verfahren und Geräte zum Ausbringen von Pflanzenschutzmitteln 85

9.1 Ausbringungsverfahren 85
9.2 Verwendung geeigneter und einwandfrei funktionierender Pflanzenschutzgeräte 86
9.3 Beschaffenheit der Pflanzenschutzgeräte 87
9.4 Gebrauchsanleitung 88
9.5 Pflichtkontrolle von Pflanzenschutzgeräten 88
9.6 Sachgerechter Einsatz der Pflanzenschutzgeräte 90
9.7 Sachgerechtes Warten und Pflegen von Pflanzenschutzgeräten 93
9.8 Einstellen und Kontrolle der Ausbringmenge 94
9.9 Ermitteln des Wasserbedarfes bei Spritz- und Sprühgeräten 95
9.10 Ermitteln der Fahrgeschwindigkeit 97
9.11 Ermitteln der Aufwandmengen eines Reihenstreugerätes 98
9.12 Ermitteln der Einfüll- bzw. Nachfüllmengen bei Pflanzenschutzgeräten 99

10 Wichtige Rechtsgrundlagen zum Pflanzenschutz 101

10.1 Persönliche Anforderungen für Anwender und Verkäufer von Pflanzenschutzmitteln 101
10.2 Aufbewahrung, Lagerung und Transport von Pflanzenschutzmitteln 101
10.3 Verwendung geeigneter und einwandfrei arbeitender Pflanzenschutzgeräte 101
10.4 Anwender-, Verbraucher- und Umweltschutz 102
    10.4.1 Allgemeine Regelungen 102
    10.4.2 Schutz des Anwenders 102
    10.4.3 Schutz des Verbrauchers 102
    10.4.4 Schutz des Wassers 102
    10.4.5 Schutz der Bienen 103
    10.4.6 Artenschutz 103
10.5 Beseitigung von Pflanzenschutzmittelresten und -behältnissen 108

11 Erklärung wichtiger Pflanzenschutzbegriffe 104

12 Verzeichnis des Pflanzenschutzdienstes 114

13 Verzeichnis von Informations- und
Behandlungszentren für Vergiftungsfälle
in der Bundesrepublik Deutschland 118

14 Anhang mit Fragenkatalog 122

15 Lösungen 123

16 Stichwortverzeichnis 124

Vorwort

Ziel des Pflanzenschutzes ist es, insbesondere Kulturpflanzen und Pflanzenerzeugnisse vor Schadorganismen und nichtparasitären Beeinträchtigungen zu schützen, Ertragsverluste abzuwehren und die Qualität der Ernteprodukte zu sichern.

Mit der Neufassung des Pflanzenschutzgesetzes vom 14.5.1998 wurden die Pflanzenschutzregelungen der Europäischen Gemeinschaft in nationales deutsches Recht umgesetzt. Damit erfolgt eine europaweite Harmonisierung der Vorschriften im Bereich des Pflanzenschutzes, um Gefahren abzuwenden, die durch die Anwendung von Pflanzenschutzmitteln oder anderer Maßnahmen des Pflanzenschutzes für die Gesundheit von Mensch und Tier und für den Naturhaushalt entstehen können.

Bereits das Pflanzenschutzgesetz von 1986 forderte für den Umgang mit Pflanzenschutzmitteln persönliche Anforderungen, Kenntnisse und Fertigkeiten, um seitens des Anwenders die gute fachliche Praxis, seitens des Verkäufers die sachgerechte Unterrichtung des Erwerbers für die Anwendung von Pflanzenschutzmitteln zu gewährleisten (Sachkunde).

Das vorliegende Buch ist als Arbeitshilfe zur Erlangung der Sachkunde im Pflanzenschutz gedacht. Es beinhaltet den Lernstoff für den Pflanzenschutz-Sachkundenachweis für Anwender und Verkäufer von Pflanzenschutzmitteln. Dabei steht nicht die Vermittlung produktionstechnischen Detailwissens im Vordergrund. Vielmehr geht es darum, die hohe Verantwortung des Anwenders von Pflanzenschutzmitteln zu verdeutlichen.

Die Abfassung des Textes erfolgte nicht unter wissenschaftlichen oder juristischen Aspekten, sondern im Hinblick auf eine für den Praktiker verständliche Ausdrucksweise. In der Beilage sind Beispiele möglicher Fragen für die Sachkundeprüfung enthalten, deren richtige Beantwortung mit dem Textteil dieses Buches möglich ist.

Seit der 2. Auflage sind zur Kontrolle des eigenen Wissens und des Lernerfolges die richtigen Antworten in Form eines Lösungsschlüssels am Schluß des Buches angegeben.

Die vorliegende 7. Auflage wurde durchgesehen. Dabei konnten auch zahlreiche Hinweise und Verbesserungsvorschläge von Kollegen des amtlichen Pflanzenschutzdienstes aus verschiedenen Bundesländern sowie von Praktikern berücksichtigt werden.

Dieses Buch zielt in erster Linie ab auf die Zielgruppe Landwirte, Gärtner, Forstwirte und Verkäufer von Pflanzenschutzmitteln. Zu wünschen ist, daß es darüber hinaus als übersichtliches Nachschlagewerk weitere Interessenten findet und damit zur Versachlichung der Diskussion über den modernen Pflanzenschutz beitragen kann.

Sachkundig im Pflanzenschutz

Der Mangel an Arbeitskräften, steigende Lohnkosten sowie der internationale Wettbewerb machten es unumgänglich, die Anbaumethoden immer mehr zu rationalisieren und zu technisieren. Hinzu kamen die hohen Anforderungen des Verbrauchers und der Marktordnungen an die Qualität pflanzlicher Produkte.

Die chemischen Bekämpfungsverfahren im Pflanzenschutz rückten deshalb immer mehr in den Vordergrund.

Die Anwendung chemischer Pflanzenschutzmittel kann aber – besonders bei einseitigem oder übermäßigem Einsatz – auch negative Auswirkungen haben, so z. B.

▶ die Möglichkeit der Umweltbelastung (Boden, Wasser, Luft, Nahrungskette),
▶ das Problem unzulässiger Rückstände in den Ernteprodukten,
▶ das Auftreten resistenter Schädlinge, Krankheiten oder Unkräuter, gegen die Pflanzenschutzmittel wirkungslos sind,
▶ die schnellere Aufeinanderfolge der Massenvermehrung von Schadorganismen durch Ausschalten der natürlichen Gegenspieler.

Solche möglichen Auswirkungen geben Anlaß dazu, sich mit der Anwendung von Pflanzenschutzmitteln kritisch auseinanderzusetzen.

Aus dieser Erkenntnis heraus fordert der Gesetzgeber im Pflanzenschutzgesetz die Sachkunde von jedem Anwender und Vertreiber von Pflanzenschutzmitteln. Dies bedeutet, daß der genannte Personenkreis auf Verlangen der zuständigen Behörde seine Sachkunde im Pflanzenschutz nachzuweisen hat.

**Gesetz zum Schutz der Kulturpflanzen
(Pflanzenschutzgesetz – PflSchG)**

in der Fassung vom 14. 5. 1998

**§ 10
Persönliche Anforderungen**

(1) Wer
1. Pflanzenschutzmittel in einem Betrieb
   a) der Landwirtschaft einschließlich des Gartenbaus oder der Forstwirtschaft oder
   b) zum Zwecke des Vorratsschutzes anwendet,
2. eine nach § 9 anzeigepflichtige Tätigkeit ausübt oder
3. Personen anleitet oder beaufsichtigt, die Pflanzenschutzmittel im Rahmen eines Ausbildungsverhältnisses anwenden, soweit dies zur Ausbildung gehört,
muß die dafür erforderliche Zuverlässigkeit und die dafür erforderlichen Kenntnisse und Fertigkeiten haben und dadurch die Gewähr dafür bie-

ten, daß durch die Anwendung von Pflanzenschutzmitteln keine vermeidbaren schädlichen Auswirkungen auf die Gesundheit von Mensch oder Tier oder keine sonstigen vermeidbaren schädlichen Auswirkungen, insbesondere auf den Naturhaushalt, auftreten.

(2) Die zuständige Behörde kann die in Absatz 1 bezeichneten Tätigkeiten ganz oder teilweise untersagen, wenn Tatsachen die Annahme rechtfertigen, daß derjenige, der diese Tätigkeiten ausübt, die dort genannten Voraussetzungen nicht erfüllt.

(3) Die erforderlichen fachlichen Kenntnisse und Fertigkeiten sind der zuständigen Behörde auf Verlangen nachzuweisen. Die Bundesregierung wird ermächtigt, durch Rechtsverordnung mit Zustimmung des Bundesrates nähere Vorschriften über Art und Umfang der erforderlichen fachlichen Kenntnisse und Fertigkeiten sowie über das Verfahren für deren Nachweis zu erlassen. Die Landesregierungen werden ermächtigt,
1. Rechtsverordnungen nach Satz 2 zu erlassen, soweit die Bundesregierung von ihrer Befugnis keinen Gebrauch macht,
2. durch Rechtsverordnung, soweit es zur Erfüllung der in §1 genannten Zwecke erforderlich ist, den Anwendungsbereich des Absatzes 1 auf Personen auszudehnen, die Pflanzenschutzmittel auf Grundstücken anwenden, die im Besitz juristischer Personen des öffentlichen Rechts stehen.

Die Landesregierungen können diese Befugnis durch Rechtsverordnung auf andere Behörden übertragen.

§ 10 a
Anwendung zu Versuchszwecken

(1) Pflanzenschutzmittel dürfen zu Versuchszwecken nur angewandt werden, wenn die Anwendung keine schädlichen Auswirkungen auf die Gesundheit von Mensch und Tier oder auf Grundwasser sowie keine sonstigen schädlichen Auswirkungen, insbesondere auf den Naturhaushalt, erwarten läßt. Sie dürfen ferner nur angewandt werden, wenn der Anwender die dafür erforderlichen fachlichen Kenntnisse und Fertigkeiten nachgewiesen hat.

Die erforderlichen Kenntnisse und Fertigkeiten sind der zuständigen Behörde durch Vorlage der durch Rechtsverordnung nach Absatz 3 vorgesehenen Bescheinigung nachzuweisen.

Im Einzelfall kann die zuständige Behörde abweichend von Satz 2 auf Antrag die Anwendung von Pflanzenschutzmitteln zu Versuchszwecken genehmigen, sofern dadurch keine schädlichen Auswirkungen auf die in Satz 1 genannten Schutzgüter zu erwarten sind. Die Sätze 2 und 3 gelten nicht für Versuche, die von der Biologischen Bundesanstalt oder den nach § 34 zuständigen Behörden durchgeführt werden.

(2) Die zuständige Behörde kann die Anwendung von Pflanzenschutzmitteln zu Versuchszwecken ganz oder teilweise untersagen, wenn Tatsachen die Annahme rechtfertigen, daß derjenige, der Pflanzenschutzmittel zu Versuchszwecken anwendet, die erforderliche Zuverlässigkeit oder die erforderlichen fachlichen Kenntnisse und Fertigkeiten nicht besitzt.

(3) Das Bundesministerium für Ernährung, Landwirtschaft und Forsten wird ermächtigt, im Einvernehmen mit den Bundesministerien für Arbeit

und Sozialordnung, für Gesundheit und für Umwelt, Naturschutz und Reaktorsicherheit durch Rechtsverordnung mit Zustimmung des Bundesrates Näheres über Art und Umfang der Anwendung von Pflanzenschutzmitteln zu Versuchszwecken und der erforderlichen fachlichen Kenntnisse und Fertigkeiten sowie das Verfahren für deren Nachweis zu regeln.

§ 22
Abgabe

(1) Pflanzenschutzmittel dürfen nicht durch Automaten oder durch andere Formen der Selbstbedienung in den Verkehr gebracht werden. Die Vorschriften über die Abgabe gefährlicher Stoffe oder Zubereitungen, die auf Grund des § 17 Absatz 1 Nr. 1 Buchstabe a und c des Chemikaliengesetzes erlassen worden sind, gelten für die Abgabe von Pflanzenschutzmitteln entsprechend.

(2) Bei der Abgabe im Einzel- und Versandhandel haben der Gewerbetreibende und derjenige, der für ihn Pflanzenschutzmittel abgibt, den Erwerber über die Anwendung des Pflanzenschutzmittels, insbesondere über Verbote und Beschränkungen zu unterrichten.

(3) Das Feilhalten und die Abgabe von Pflanzenschutzmitteln im Einzel- oder Versandhandel ist von der zuständigen Behörde ganz oder teilweise zu untersagen, wenn Tatsachen die Annahme rechtfertigen, daß der Gewerbetreibende oder derjenige, der für ihn Pflanzenschutzmittel abgibt, nicht die erforderliche Zuverlässigkeit und die für eine sachgerechte Unterrichtung des Erwerbers über die Anwendung der Pflanzenschutzmittel und die damit verbundenen Gefahren erforderlichen fachlichen Kenntnisse hat.

(4) Die erforderlichen fachlichen Kenntnisse sind der zuständigen Behörde auf Verlangen nachzuweisen. § 10 Absatz 3 Satz 2 bis 4 gilt entsprechend.

Pflanzenschutz-Sachkundeverordnung
Vom 28. Juli 1987[1)] in der Fassung vom 14.10.1993
(BGBl. I Seite 1720)

Aufgrund des § 10 Absatz 3 Satz 2 und des § 22 Absatz 3 Satz 2 des Pflanzenschutzgesetzes vom 15.9.1986 (BGBl. I, Seite 1505) verordnet die Bundesregierung mit Zustimmung des Bundesrates:

§ 1
Sachkundenachweis für die Anwendung
von Pflanzenschutzmitteln

(1) Der Nachweis der erforderlichen fachlichen Kenntnisse und Fertigkeiten
1. für die Anwendung von Pflanzenschutzmitteln
   a) in einem Betrieb der Landwirtschaft, des Gartenbaus oder der Forstwirtschaft oder
   b) für andere – außer gelegentlicher Nachbarschaftshilfe – oder

2. für die Anleitung oder Beaufsichtigung von Personen, die eine Tätigkeit nach Nummer 1 im Rahmen eines Ausbildungsverhältnisses ausüben,

kann durch Vorlage eines Abschlußzeugnisses nach Absatz 2 oder durch eine Prüfung nach §2 erbracht werden. Die zuständige Behörde kann auch den erfolgreichen Abschluß in einer anderen Aus-, Fort- oder Weiterbildung als Nachweis der erforderlichen fachlichen Kenntnisse und Fertigkeiten anerkennen, wenn die Vermittlung solcher Kenntnisse und Fertigkeiten Gegenstand der Aus-, Fort- oder Weiterbildung gewesen ist.

(2) Abschlußzeugnis im Sinne des Absatzes 1 Satz 1 ist ein Zeugnis über
1. eine bestandene Abschlußprüfung in den Berufen Landwirt, Gärtner, Winzer, Forstwirt, Pflanzenschutzlaborant, landwirtschaftlicher Laborant, landwirtschaftlich-technischer Assistent,
2. eine bestandene Fortbildungsprüfung zum Fachagrarwirt Landtechnik oder
3. ein abgeschlossenes Hochschulstudium oder Fachhochschulstudium im Bereich der Agrar-, Gartenbau- oder Forstwissenschaften.

§2
Prüfung

(1) Die Prüfung besteht aus einem fachtheoretischen und einem fachpraktischen Teil. Die Prüfung im fachtheoretischen Teil wird schriftlich und mündlich abgelegt.

(2) Durch die Prüfung wird festgestellt, ob der Prüfling die erforderlichen Kenntnisse und Fertigkeiten guter fachlicher Praxis im Pflanzenschutz hat; sie erstreckt sich auf folgende Prüfungsgebiete:
1. im Bereich der Kenntnisse:
   a) Integrierter Pflanzenschutz,
   b) Schadursachen bei Pflanzen und Pflanzenerzeugnissen,
   c) indirekte und direkte Pflanzenschutzmaßnahmen,
   d) Eigenschaften von Pflanzenschutzmitteln,
   e) Verfahren der Ausbringung von Pflanzenschutzmitteln und Umgang mit Pflanzenschutzgeräten,
   f) Schutzmaßnahmen zur Vermeidung gesundheitlicher Gefahren (insbesondere Verwendung von Schutzkleidung oder Atemschutz), Sofortmaßnahmen bei Unfällen,
   g) Verhüten schädlicher Auswirkungen von Pflanzenschutzmaßnahmen auf Mensch, Tier und Naturhaushalt,
   h) Aufbewahren und Lagern von Pflanzenschutzmitteln,
   i) sachgerechtes Beseitigen von Pflanzenschutzmittelresten und -behältnissen,
   j) Rechtsvorschriften (insbesondere aus dem Pflanzenschutz-, Arbeitsschutz-, Lebensmittel-, Wasser-, Umweltschutz- und Naturschutzrecht);

---

[1]) Die Neufassung des Pflanzenschutzgesetzes macht auch eine Änderung der Sachkundeverordnung erforderlich. Mit einer Novellierung ist frühestens 2000 zu rechnen. Bis dahin gilt die derzeitige Verordnung weiter.

2. im Bereich der Fertigkeiten:
   a) sachgemäßer Umgang mit Pflanzenschutzmitteln,
   b) Verwenden und Warten von Pflanzenschutzgeräten.

(3) Die Prüfung ist bestanden, wenn jeweils im fachtheoretischen und fachpraktischen Teil mindestens ausreichende Leistungen erbracht worden sind.

(4) Die zuständige Behörde oder die nach Landesrecht beauftragten Stellen erteilen dem Prüfungsteilnehmer ein Zeugnis über die bestandene oder einen Bescheid über die nicht bestandene Prüfung.

(5) Eine nicht bestandene Prüfung kann wiederholt werden; die zuständige Behörde oder die nach Landesrecht beauftragten Stellen weisen in ihrem Bescheid darauf hin.

§ 3
Sachkundenachweis für die Abgabe von Pflanzenschutzmitteln

(1) Für den Nachweis der erforderlichen fachlichen Kenntnisse für die Abgabe von Pflanzenschutzmitteln im Einzelhandel gelten die §§ 1 und 2 entsprechend mit folgender Maßgabe:
1. Abweichend von § 2 Absatz 2 wird durch die Prüfung festgestellt, ob der Prüfling die für eine sachgerechte Unterrichtung des Erwerbers über die Anwendung der Pflanzenschutzmittel und die damit verbundenen Gefahren erforderlichen fachlichen Kenntnisse hat.
2. Die zuständige Behörde kann auch eine bestandene Prüfung nach § 13 Absatz 2 der Gefahrstoffverordnung vom 26. August 1986 (BGBl. I S. 1470) in der bis zum 31. Oktober 1993 gültigen Fassung oder eine Prüfung nach § 5 Absatz 2 der Chemikalien-Verbotsverordnung als Nachweis der erforderlichen fachlichen Kenntnisse anerkennen, wenn die Kenntnisse nach Nummer 1 Gegenstand der Prüfung gewesen sind.

(2) Der Nachweis der erforderlichen fachlichen Kenntnisse wird ferner erbracht durch
1. die Approbation als Apotheker,
2. die Erlaubnis zur Ausübung der Tätigkeit unter der Berufsbezeichnung pharmazeutisch-technischer Assistent.

§ 4
Länderbefugnis

Die Befugnis der Länder, nach § 10 Absatz 3 Satz 3, auch in Verbindung mit § 22 Absatz 3 Satz 2, des Pflanzenschutzgesetzes nähere Vorschriften über das Verfahren der Prüfung nach § 2 zu erlassen, bleibt unberührt.

1 Schadensursachen bei Pflanzen und Pflanzenerzeugnissen

1.1 Unkräuter und Ungräser

Sammelbegriff für alle Pflanzen, die auf bewirtschafteten Flächen hinsichtlich
- Nährstoffe,
- Platz,
- Licht

in Konkurrenz zum Kulturpflanzenbestand stehen.
- Sie können Zwischenträger von Krankheiten und Schädlingen sein (z. B. Getreidezystenälchen an Flughafer, Halmbruch an Gräsern).
- Sie behindern Pflege und Ernte des Kulturbestandes (z. B. Klettenlabkraut, Kamille).
- Sie können Träger von Giftstoffen sein (z. B. Herbstzeitlose, Hahnenfuß).

Es gibt zwei große Gruppen von Konkurrenzpflanzen:
- Unkräuter,
- Ungräser.

Der wesentliche Unterschied zwischen **Unkräutern** und **Ungräsern** besteht in der Blattform und der Blattoberfläche. Daraus ergeben sich unterschiedliche Bekämpfungsmaßnahmen.

Auf jeder bewirtschafteten Fläche stehen **Leitunkräuter,** je nach Standort z. B. Klettenlabkraut, Kamille, Ackerhohlzahn. Nur ihre genaue Kenntnis ermöglicht eine richtige Mittelwahl und gezielte Bekämpfung. Auch Kulturpflanzen können zu Unkräutern werden, z. B. Ausfallgetreide, Ausfallraps, Kartoffeldurchwuchs in der Fruchtfolge.

1.2 Pilzkrankheiten

Pilze sind einfachste Pflanzen. Ihre mikroskopisch kleinen Organe über- oder durchwuchern das Gewebe der Kulturpflanzen, entziehen ihnen Nährstoffe und führen letztlich zum Absterben der Kulturpflanze.

Die Übertragung von Pilzkrankheiten von Pflanze zu Pflanze geschieht fast immer durch »Sporen« (Ausbreitungsorgane des Pilzes).

Günstige Befallsvoraussetzungen sind:
- ausreichende Luftfeuchtigkeit
- ausreichende Temperatur
- ausreichende Blattnässe.

Pflanzenschäden durch

unbelebte	Ursachen	belebte

Produktionstechnik
Saattiefe
Pflegearbeiten

Düngung
Überversorgung
Unterversorgung
Verätzung

Pflanzenschutzmittel
falsche Dosierung
falsches Mittel
falscher Zeitpunkt
Nachwirkung in der Folgefrucht

Witterung
Hitze, Kälte
Hagel, Sturm
Überflutung

Boden
Wassermangel
Luftmangel
Nährstoffmangel

Schädlinge
Insekten
Würmer
Schnecken
Mäuse

Krankheiten
Pilze
Bakterien
Viren

Unkrautbesatz
Unkräuter
Ungräser

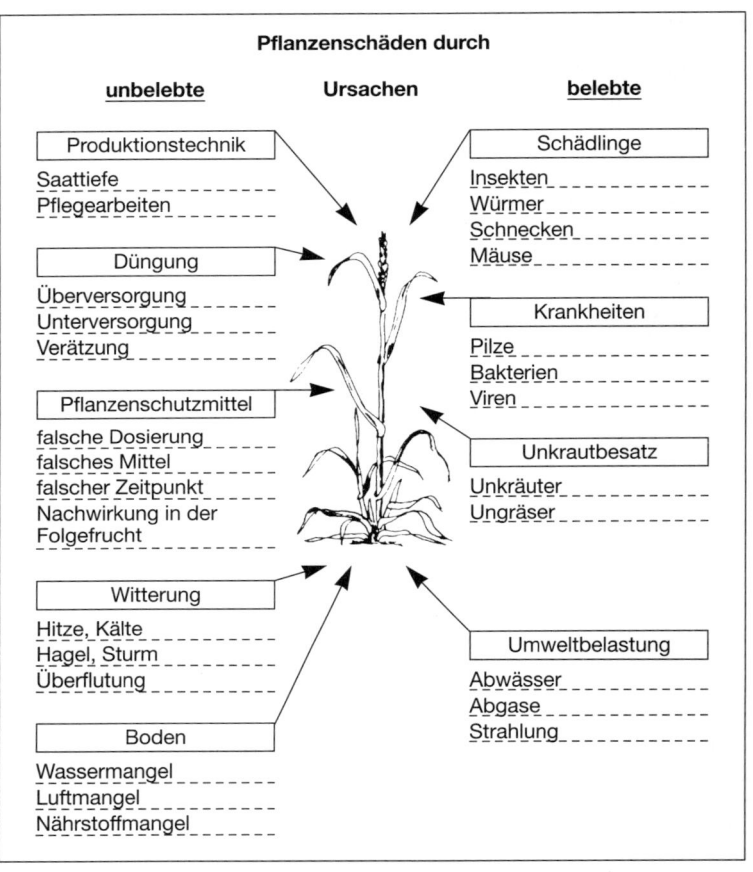

Umweltbelastung
Abwässer
Abgase
Strahlung

Abb. 1 Schadensursachen bei Pflanzen und Pflanzenerzeugnissen.

Der Befall wird begünstigt durch:
▶ Vererbliche Anfälligkeit gegen den Schaderreger (fehlende Resistenz),
▶ geschwächte Widerstandskraft der Pflanze durch unausgewogenes Nährstoffverhältnis (z. B. Stickstoffüberdüngung), schlechte Wurzelentwicklung durch ungünstige Bodenstruktur,
▶ zusätzliche Streßfaktoren (z. B. unsachgemäßer Wachstumsregler- oder Herbizideinsatz).

1.3 Tierische Schädlinge

Insekten

Die meisten Pflanzenschädlinge sind in dieser Tierordnung zu finden. Die Körperform von **Insekten** ist durch zwei Einkerbungen deutlich in drei Abschnitte (Kopf, Brust, Hinterleib, 3 Paar Beine) gegliedert. Die Insektenlarven oder die ausgewachsenen Tiere verursachen **typische Schadbilder:**

- Fensterfraß, z. B. Erdflöhe am Blatt,
- Lochfraß, z. B. Kohlweißlingsraupen,
- Blattrandfraß, z. B. Blattrandkäfer an Erbsen,
- Skelettierfraß, z. B. Kartoffelkäfer am Blatt,
- Kaufraß, z. B. Drahtwurm an Getreide,
- Bohrfraß, z. B. Drahtwurm in der Kartoffelknolle,
- Minierfraß, z. B. Rübenfliegenlarve im Blatt,
- Saugschäden, z. B. von Blattläusen, Wanzen.

Fensterfraß
Erdflöhe

Lochfraß
Erdflöhe
Raupen

Blattrandfraß
Blattrandkäfer

Skelettierfraß
Kartoffelkäfer

Kaufraß
Drahtwurm

Bohrfraß
Drahtwurm

Minierfraß
Rübenfliege

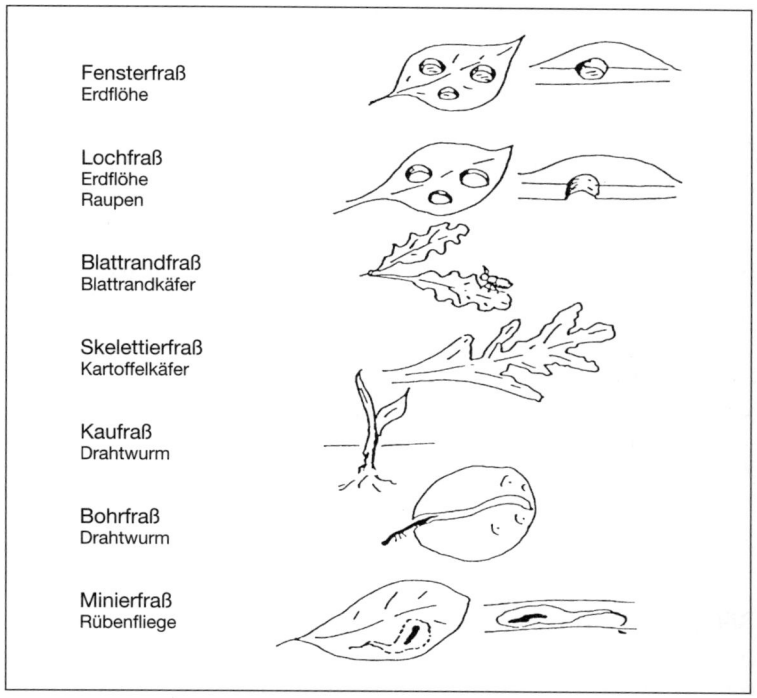

Abb. 2 Fraßbilder und Beispiele für die Verursacher.

Nematoden

Nematoden sind kleine Fadenwürmer von 0,5–10 mm Länge, die meist im Boden leben und von dort aus über die Wurzeln in die Pflanzen eindringen. Durch häufiges Anstechen der Wurzeln beim Eindringen in die Pflanze werden Eintrittsöffnungen für Fäulnispilze und Bakterien geschaffen.
Die Ausscheidung von Giftstoffen, der ständige Saftentzug sowie die Zerstörung des Wurzelwerkes lassen die Pflanzen kümmern. Sie welken und können bei starkem Befall eingehen.
Da die meisten Nematodenarten bestimmte Pflanzenarten bevorzugen, werden sie zu ausgesprochenen *Fruchtfolgeschädlingen,* wenn die bevorzugten Wirtspflanzen in der Fruchtfolge zu dicht hintereinander angebaut werden.
Bei manchen Nematodenarten schwellen die Weibchen im Laufe ihrer Entwicklung zu braunen Ei- und Larvenkugeln an (*Zystennematoden* an Kartoffeln und Rüben). Wenn diese in ein Feld eingeschleppt werden, können sie dort viele Jahre auch ohne Wirtspflanzen überleben.
Die Verbreitung der Nematoden erfolgt durch Verschleppung an oder in Pflanzen, verseuchte Erde an Maschinen und Schuhen sowie durch Wasser, Wind und Tiere.

Milben

Milben gehören zur Klasse der Spinnentiere. Pflanzenschädliche Spinnmilben stechen einzelne Pflanzenzellen an, die dadurch zerstört werden. Da sie nicht unmittelbar an den Blattadern saugen, wirken systemische Insektizide nicht so sicher wie bei Blattläusen. Befallen werden besonders Kulturen unter Glas, aber auch Obst, Wein und Hopfen.
Bestimmte Milbenarten stellen bedeutsame Vorratsschädlinge dar (z. B. Mehlmilbe).

Schnecken

Schnecken schädigen besonders an jungem Pflanzengewebe, das sie mit der Zunge abraspeln. Sie vermögen innerhalb eines Tages fast die Hälfte ihres Eigengewichtes an grünem Blattwerk zu fressen. Schäden treten besonders in und nach feuchten Jahresabschnitten auf. Häufig konzentriert sich der Schaden an den Feldrändern, die an Grünlandflächen anschließen.

Säugetiere

Aus der Klasse der Säugetiere müssen vor allem schädliche Nagetiere wie z. B. Ratten und Mäuse genannt werden.
Sie schädigen sowohl in den Pflanzenbeständen (Wühlmäuse) als auch

vor allem im Lager an Vorräten (Ratten und Mäuse), wo sie nicht nur durch Fraß Substanzverluste verursachen, sondern durch Beschmutzung mit Kot und Urin das Lagergut unbrauchbar machen.

Vögel

Sperling, Fasan, Krähe und Taube schädigen lokal begrenzt an auflaufenden Saaten.
Drosseln und Stare können im Wein- und Obstbau bisweilen erhebliche Schäden verursachen.
Bekämpfungsmaßnahmen sind verboten.
Nur Abschreckungsmittel (Repellents) oder mechanische Abwehrverfahren wie z. B. Überspannen mit Schutznetzen sind erlaubt.

1.4 Bakterien

Bakterien sind mikroskopisch kleine, *einzellige Lebewesen.*
Die meisten Bakterien sind außerordentlich *wichtige Zersetzer* von organischem Material in der Natur.
Bestimmte Bakterien können aber Kulturpflanzen schwer schädigen. Sie zersetzen das Pflanzengewebe und führen somit zu *Fäulen* (z. B. Naßfäule der Kartoffel) oder zum *Absterben* ganzer Pflanzenpartien (z. B. Feuerbrand des Kernobstes).
Bakterien dringen in der Regel über Wunden (bei Kartoffeln im Boden oder bei unsachgerechter Ernte oder Einlagerung) oder über Blütenorgane (Feuerbrand) in die Pflanze ein.
Die Infektion wird begünstigt durch einen Wasserfilm oder zumindest durch hohe Luftfeuchtigkeit.

1.5 Viren

Viren sind extrem kleine *Eiweißkörper ohne eigenen Stoffwechsel.* Sie vermehren sich innerhalb eines fremden Organismus auf Kosten von dessen Eiweißversorgung. Die Schäden werden meist durch Verstopfung der Leitungsbahnen der Wirtspflanze hervorgerufen. Der Befall wird erkennbar an gestauchtem Wuchs, Blattkräuselungen, Blattverfärbung von grün nach gelb bis rot.
Es gibt viele Möglichkeiten der **Virusübertragung:**
▶ Tiere (Vektoren): Blattläuse, Schildläuse, Zikaden, Nematoden,
▶ Pflanzgutübertragung: Virusverseuchtes Pflanzgut bei Kartoffeln,
▶ virusverseuchte Reiser bei Pfropfung in Baumschulen,

▶ mechanische Übertragung: Durch Berührung von Blatt zu Blatt oder Berührung und Verletzung durch Arbeitsgeräte. Viruskrankheiten sind Ursache z. B. für den »Kartoffelabbau« (Blattrollvirus, Mosaikvirus). Durch diese Krankheiten sinken der Ertrag und die Qualität von Anbau zu Anbau rapide ab.

Tabelle 1: Schadorganismen

Schaderreger	Beispiele	Schäden
Unkräuter, Ungräser	Klettenlabkraut, Ampfer Distel, Vogelmiere, Kamille Flughafer, Windhalm, Ackerfuchsschwanz, Hirsearten	Konkurrenz für Kultur, Qualitätseinbußen, Erschwernis der Pflege und Ernte Wirtspflanzen für Schädlinge, Giftpflanzen
Pilze	Echter und Falscher Mehltau, Schorf, Septoria, Roste, Brand-Krankheiten	Zerstörung des Gewebes, Verschmutzung, Qualitätsverlust
Bakterien	Feuerbrand, Ringfäule der Kartoffel, Schwarzbeinigkeit	Zerstörung der Pflanze
Virosen	Vergilbungskrankheit der Zuckerrüben, Kartoffelabbau, Obstvirosen	Ertrags- und Qualitätsverluste
Insekten	Kartoffelkäfer, Apfelwickler, Blattläuse, Frit- und Kohlfliegen, Wanzen	Fraß- und Saugschäden
Nematoden	Zystennematoden an Kartoffeln und Zuckerrüben, Wurzelgallenälchen, Stengelälchen	Wuchsdepressionen, Ertrags- und Qualitätsverluste
Milben	Spinnmilben, Mehlmilben	Saug- und Qualitätsschäden
Schnecken	Ackernacktschnecken, Gehäuseschnecken	Fraßschäden
Säugetiere	Ratten, Mäuse, Wildschweine	Fraßschäden, Verschmutzung
Vögel	Spatzen, Grünlinge, Fasane, Tauben	Fraßschäden
Nährstoffmangel	Bor, Mangan, Magnesium	Zerstörung des Pflanzengewebes
Nährstoffüberschuß	Stickstoff	erhöhte Krankheitsanfälligkeit
Standort, Wetter	Bodenverdichtung, Hagel	vermindertes Wachstum, Pflanzenzerstörung

1.6 Nährstoffmangel/-überversorgung

Die **Unterversorgung** mit bestimmten Nährstoffen kann zu typischen Mangelkrankheiten führen. Hierbei treten nachhaltige Störungen im Aufbau der Pflanzenorgane auf, die zu erheblichen Qualitäts- und Ertragseinbußen führen.
Beispiele:
Bormangel: Herz- und Trockenfäule der Rüben.
Magnesiummangel: Helle perlschnurartige Streifigkeit auf den Blättern von Mais und Getreide; spiegelbildlich angeordnete Blattverbräunungen auf Kartoffelblättern.
Eine **Überversorgung** mit Stickstoff führt beispielsweise zu Getreidelager oder Überhandnehmen von Ampfer im Grünland. Kalküberschuß kann die Festlegung von Spurenelementen im Boden zur Folge haben.
Mangelkrankheiten und Nährstoffüberschuß lassen sich durch gezielte Düngung vermeiden.

Tabelle 2: Mögliche Qualitätseinbußen durch unterlassenen Pflanzenschutz

Beispiel	Schaden
Knollenfäule	faule, ungenießbare Kartoffelknollen
Steinbrand	nach Heringslake stinkendes, ungenießbares Getreide
Schimmelpilze	Gesundheitsgefährdung durch giftige Stoffwechselprodukte (Mykotoxine)
Spelzenbräune	Schmachtkorn bei Getreide
Apfelwickler	Fraßgänge und Kot, Fäulen und Schimmel als Sekundärschäden
Blattläuse, Raupen, Schnecken im Gemüse	Unansehnlichkeit, Ungenießbarkeit

1.7 Weitere Schadensursachen

▶ Witterungseinflüsse wie Kälte, Frost, Hitze, Nässe und Trockenheit,
▶ Bodenverdichtungen,
▶ Pflanzenverletzungen durch Geräte oder ätzende Dünge- oder Pflanzenschutzmittel.

> **Überprüfen Sie Ihr Wissen mit den Fragen 101–139 des Fragenkataloges. Die Lösungen finden Sie am Ende des Buches.**

2 Das Pflanzenschutzgesetz

Mit dem Pflanzenschutzgesetz vom 14.5.1998 wurden die Vorschriften der Europäischen Gemeinschaft im Bereich Pflanzenschutz in deutsches Recht umgesetzt. Die Harmonisierung der Rechtsvorschriften auf EU-Ebene ist erforderlich, um Wettbewerbsverzerrungen in der pflanzlichen Produktion zu vermeiden und einen einheitlichen Sicherheitsstandard zu gewährleisten.

2.1 Zweck des Pflanzenschutzgesetzes

Zweck des Pflanzenschutzgesetzes ist es,
- Kulturpflanzen und Pflanzenerzeugnisse vor Schadorganismen und nichtparasitären Beeinträchtigungen zu schützen,
- Gefahren abzuwenden, die durch die Anwendung von Pflanzenschutzmitteln oder durch andere Maßnahmen des Pflanzenschutzes, insbesondere für die Gesundheit von Mensch und Tier und für den Naturhaushalt, entstehen können und
- Rechtsakte der Europäischen Gemeinschaft im Bereich des Pflanzenschutzrechts durchzuführen.

Vor diesem Hintergrund stellen sich *vor* der Anwendung von Pflanzenschutzmitteln grundsätzlich folgende Fragen:

Ist die Anwendung eines bestimmten Mittels
- überhaupt notwendig?
- erlaubt?
- an einer bestimmten Stelle erlaubt?
- für einen bestimmten Zweck erlaubt?
- zu einem bestimmten Zeitpunkt erlaubt?
- mit Risiken für den Anwender behaftet?

Das Pflanzenschutzgesetz ist das »Grundgesetz« für alles pflanzenschutzliche Tun sowie Grundlage für eine ganze Reihe von speziellen Verordnungen (z. B. Pflanzenschutzmittel-Verordnung, Pflanzenschutz-Anwendungsverordnung, Bienenschutzverordnung), die Antwort auf diese Fragen geben.

> **Pflanzenschutz nach guter fachlicher Praxis**
>
> Pflanzenschutz darf nur nach guter fachlicher Praxis erfolgen. Diese setzt voraus
> - ▶ die Beachtung aller einschlägigen Rechtsvorschriften und
> - ▶ die Durchführung von Pflanzenschutzmaßnahmen, die
>   - in der Wissenschaft als gesichert gelten,
>   - aufgrund praktischer Erfahrungen als geeignet, angemessen und notwendig anerkannt sind,
>   - von der amtlichen Beratung empfohlen werden und
>   - durch sachkundige Anwender erfolgen.

2.2 Wichtige Einzelbestimmungen des Gesetzes

Für Praktiker sind insbesondere folgende Bestimmungen wichtig:
- ▶ Pflanzenschutz darf nur nach **guter fachlicher Praxis** durchgeführt werden. Dies dient der Gesunderhaltung und Qualitätssicherung von Pflanzen und der Abwehr von Gefahren, die durch die Anwendung, das Lagern und den sonstigen Umgang mit Pflanzenschutzmitteln entstehen können. Die Grundsätze für die Durchführung der guten fachlichen Praxis werden vom Bundeslandwirtschaftsministerium (BML) mit Beteiligung der Bundesländer im Einvernehmen mit dem Gesundheits- und dem Umweltministerium aufgestellt und im Bundesanzeiger bekanntgegeben.
  Zur guten fachlichen Praxis gehört, daß die Grundsätze des Integrierten Pflanzenschutzes und der Schutz des Grundwassers berücksichtigt werden.
- ▶ Pflanzenschutzmittel dürfen nur **in den Verkehr gebracht** (gehandelt) oder **eingeführt** werden, wenn sie von der Biologischen Bundesanstalt für Land- und Forstwirtschaft (BBA) zugelassen oder mit in Deutschland zugelassenen Pflanzenschutzmitteln identisch sind.
- ▶ Pflanzenschutzmittel dürfen einzeln oder gemischt mit anderen nur in den bei der Zulassung festgesetzten und in der Gebrauchsanleitung angegebenen oder amtlich genehmigten **Anwendungsgebieten** und nur entsprechend den festgesetzten Anwendungsbestimmungen angewandt werden.
- ▶ Pflanzenschutzmittel dürfen nur auf **landwirtschaftlich, gärtnerisch** oder **forstwirtschaftlich genutzten Flächen** angewandt werden. Dazu zählen nicht die angrenzenden Feldraine, Böschungen, nicht bewirtschaftete Flächen und Wege einschließlich der Wegränder.
  Ausdrücklich *verboten* ist die Anwendung von Pflanzenschutzmitteln in oder unmittelbar an oberirdischen Gewässern.

Die zuständige Behörde kann unter bestimmten Voraussetzungen Ausnahmen von diesen Verboten genehmigen, wenn der angestrebte Zweck vordringlich ist und mit zumutbarem Aufwand auf andere Weise nicht erzielt werden kann und überwiegende öffentliche Interessen, insbesondere des Schutzes von Tier- und Pflanzenarten, nicht entgegenstehen.

▶ Pflanzenschutzmittel dürfen im **Haus-** und **Kleingartenbereich** nur dann angewandt werden, wenn sie mit der Angabe »Anwendung im Haus- und Kleingartenbereich zulässig« gekennzeichnet sind.

▶ Jeder, der Pflanzenschutzmittel in einem Betrieb der Landwirtschaft einschließlich des Gartenbaues oder der Forstwirtschaft oder zum Zwecke des Vorratsschutzes anwendet, Pflanzenschutz für andere betreibt oder Auszubildende betreut, muß sachkundig sein. Der Gesetzgeber unterstellt die **Sachkunde,** wenn der Anwender eine fachbezogene Berufsausbildung absolviert hat (z. B. Landwirt, Gärtner, Forstwirt, Winzer).

Die Sachkunde ist auf Verlangen der zuständigen Behörde nachzuweisen. Liegt keine entsprechende Berufsausbildung vor, kann die Sachkunde durch das Bestehen einer Sachkundeprüfung nachgewiesen werden.

▶ Auch **Verkäufer** von Pflanzenschutzmitteln müssen sachkundig sein. Bei der Abgabe von Pflanzenschutzmitteln im Einzel- und Versandhandel hat der Verkäufer den Käufer über die Anwendung des Pflanzenschutzmittels, insbesondere über Verbote und Beschränkungen, zu unterrichten.

▶ Pflanzenschutzmittel dürfen zu Versuchszwecken nur angewandt werden, wenn die Anwendung keine schädlichen Auswirkungen auf die Gesundheit von Mensch und Tier, auf das Grundwasser oder den Naturhaushalt erwarten läßt. Sie dürfen ferner nur angewandt werden, wenn der Anwender die dafür erforderlichen fachlichen Kenntnisse und Fertigkeiten der zuständigen Behörde nachgewiesen hat.

▶ Pflanzenschutzmittel dürfen nicht durch Automaten oder durch andere Formen der Selbstbedienung in den Verkehr gebracht werden. Die Vorschriften aufgrund des **Chemikaliengesetzes** über die Abgabe gefährlicher Stoffe und Zubereitungen gelten für die Abgabe von Pflanzenschutzmitteln entsprechend.

▶ Die Anwendung und das Feilhalten sowie die Abgabe von Pflanzenschutzmitteln sind von der zuständigen Behörde ganz oder teilweise zu untersagen, wenn der Anwender oder Verkäufer nicht die erforderliche Zuverlässigkeit und die erforderlichen Kenntnisse hat, die die Gewähr dafür bieten, daß keine vermeidbaren schädlichen Auswirkungen auf die Gesundheit von Mensch und Tier und den Naturhaushalt auftreten.

▶ Wer Pflanzenschutzmittel für andere – außer gelegentlicher Nachbarschaftshilfe – anwenden oder zu gewerblichen Zwecken andere über

die Anwendung von Pflanzenschutzmitteln beraten will, hat dies der zuständigen Behörde vor Aufnahme der Tätigkeit anzuzeigen.
- ▶ **Pflanzenstärkungsmittel** dürfen nur in den Verkehr gebracht werden, wenn sie bei bestimmungsgemäßer und sachgerechter Anwendung keine schädlichen Auswirkungen auf die Gesundheit von Mensch und Tier, das Grundwasser und den Naturhaushalt haben, in einer Liste der Biologischen Bundesanstalt für Land- und Forstwirtschaft aufgenommen sind und auf der Verpackung den Hinweis »Pflanzenstärkungsmittel« und die Listennummer tragen. Sie dürfen ebenfalls nicht durch Automaten oder andere Formen der Selbstbedienung in den Verkehr gebracht werden.
- ▶ Pflanzenschutzmittel dürfen nach dem **Ende ihrer Zulassung** noch bis zum Ablauf des 2. auf das Ende der Zulassung folgenden Jahres angewandt werden. Nach Ende der Zulassung eines Pflanzenschutzmittels ist dessen Rückgabe an den Zulassungsinhaber, den Einführer oder dessen Vertreter oder an einen von diesen beauftragten Dritten möglich.
- ▶ Pflanzenschutzgeräte dürfen nur in den Verkehr gebracht oder eingeführt werden, wenn sie so beschaffen sind, daß ihre bestimmungsgemäße und **sachgerechte Verwendung** keine schädlichen Auswirkungen auf die Gesundheit von Mensch und Tier, das Grundwasser und den Naturhaushalt hat, die nach dem Stande der Technik vermeidbar sind.
- ▶ Vor dem erstmaligen Inverkehrbringen oder der Einfuhr von **Pflanzenschutzgeräten** muß gegenüber der Biologischen Bundesanstalt für Land- und Forstwirtschaft erklärt werden, daß der Gerätetyp diesen Anforderungen entspricht. Die BBA führt eine Liste der Gerätetypen, für die eine solche Erklärung abgegeben worden ist. Für die im Gebrauch befindlichen Pflanzenschutzgeräte (außer Kleingeräten) verlangt der Gesetzgeber eine *regelmäßige Gerätekontrolle,* bei der im Abstand von 2 Jahren die Funktionstüchtigkeit aller wichtigen Geräteteile überprüft wird. Geräte ohne gültige Prüfplakette dürfen nicht eingesetzt werden.
- ▶ Die in der **Gebrauchsanleitung** der Pflanzenschutzmittel aufgeführten Anwendungsgebiete und -bestimmungen und die sonstigen Bestimmungen des Gesetzes sind strikt zu beachten. Wer vorsätzlich oder fahrlässig die Vorschriften nicht befolgt, begeht eine *Ordnungswidrigkeit,* die mit einer *Geldbuße* bis zu 100 000 DM geahndet werden kann.

Überprüfen Sie Ihr Wissen mit den Fragen 201–215 des Fragenkataloges.

3 Zulassung und Kennzeichnung von Pflanzenschutzmitteln

In der chemischen Industrie werden alljährlich viele Tausende neuer chemischer Verbindungen synthetisiert. Diese werden auch darauf untersucht, ob sie in irgend einer Weise Wirkungen entwickeln, die im Pflanzenschutz Verwendung finden können.

```
┌─────────────────────────┐      ┌──────────────────────────┐
│ Pflanzenschutz-         │◄─────│ Antragsteller            │
│ dienststellen, Bienen-  │      │ Hersteller, Vertreiber,  │
│ institute, amtl. aner-  │      │ Einführer                │
│ kannte Prüfeinricht.    │      └──────────────────────────┘
└─────────────────────────┘      │ Zulassungsantrag         │
                                 └──────────────────────────┘
┌─────────────────────────┐      ┌──────────────────────────┐
│ Prüfung auf Wirk-       │      │ Biologische              │
│ samkeit und Pflan-      │      │ Bundesanstalt (BBA)      │
│ zenverträglichkeit,     │      └──────────────────────────┘
│ ökotoxikol. Prüfung     │      │ Eingangsbestätigung,     │
└─────────────────────────┘      │ Kenn-Nummer,             │
                                 │ Gebühren-Mitteilung      │
                                 └──────────────────────────┘
  ┌──────────┐    ┌──────────┐    ┌──────────┐
  │ BgVV¹⁾   │    │ BBA²⁾    │    │ UBA³⁾    │
  └──────────┘    └──────────┘    └──────────┘
  Prüfung der     chemische,      Prüfung der Auswir-
  gesundheitlichen physikalische  kungen auf Wasser,
  Auswirkungen auf und biologische Luft und Entsor-
  Mensch und Tier  Prüfungen      gungsmöglichkeit

                  Sachverständigen-
                  ausschuß

                  Biologische
                  Bundesanstalt

                  Bescheid
                  (Zulassung,
                  Ablehnung)

                  Antragsteller
```

¹⁾BgVV: Bundesinstitut für gesundheitlichen Verbraucherschutz und Veterinärmedizin (früher: Bundesgesundheitsamt)

²⁾BBA: Biologische Bundesanstalt für Land- und Forstwirtschaft

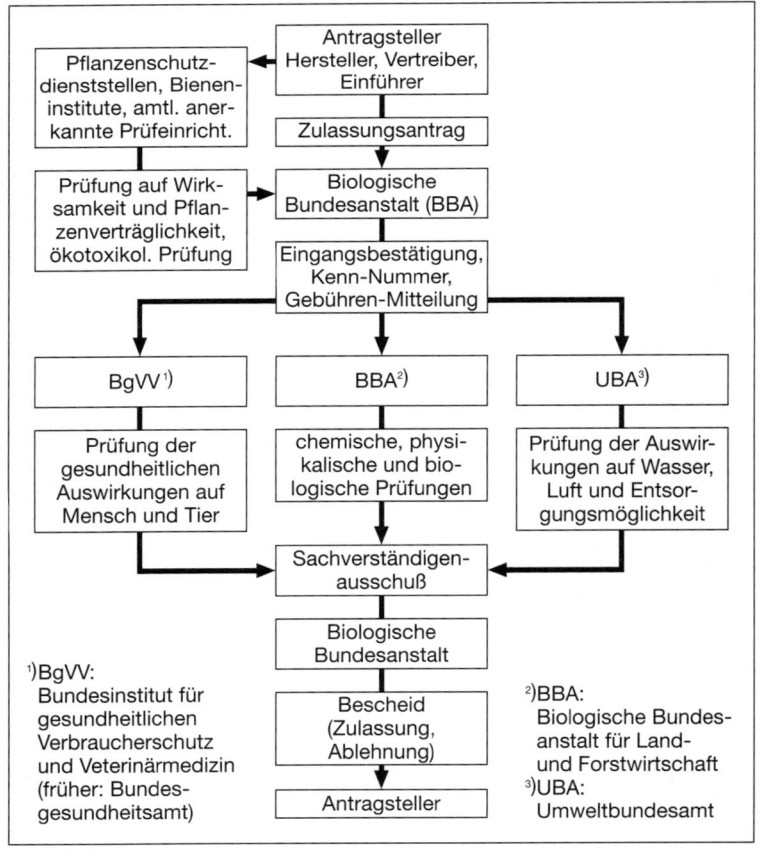

³⁾UBA: Umweltbundesamt

Abb. 3   Ablauf des Zulassungsverfahrens für Pflanzenschutzmittel.

Hierfür werden zahllose Versuche im Labor, Gewächshaus und Freiland sowie sehr aufwendige und teure Prüfungen hinsichtlich ihrer eventuellen Giftigkeit für Mensch und Tier oder andere Bestandteile des Naturhaushaltes durchgeführt.

Von der ursprünglichen Vielzahl von Verbindungen bleiben danach bestenfalls 1–2 übrig, denen Chancen eingeräumt werden, als Pflanzenschutzmittel auf den Markt zu kommen.

Nach dem deutschen Pflanzenschutzgesetz darf ein chemisches Pflanzenschutzmittel innerhalb Deutschlands nur dann vertrieben und angewandt werden, wenn es die amtliche Zulassung besitzt.

3.1 Gang der Zulassung eines Pflanzenschutzmittels

Der Hersteller oder der Importeur, der ein neues Pflanzenschutzmittel erstmals in Deutschland vertreiben will, muß bei der Biologischen Bundesanstalt für Land- und Forstwirtschaft (BBA) einen Zulassungsantrag stellen.

Dem Antrag beizufügen sind umfangreiche Untersuchungsbefunde aus verschiedenartigsten Versuchen mit diesem Mittel.

So z. B.:
- **Giftigkeit** für Tier und Mensch,
- **Rückstandsverhalten** in der Pflanze sowie in Lebens- und Futtermitteln,
- **Abbauverhalten** in Pflanze, Boden und Tier,
- **Versickerungsverhalten** im Boden,
- **Unverträglichkeiten** gegenüber Kulturpflanzen,
- **Auswirkungen auf Nutzorganismen,**
- **spezielle Untersuchungsbefunde aus Tierexperimenten hinsichtlich möglicher krebserregender, erbgutverändernder oder gewebeverändernder Risiken.**

Hinzu kommen mehrere **Versuchsergebnisse aus Prüfungen auf die biologische Wirksamkeit.** Diese werden meist von den *Pflanzenschutzämtern* der Bundesländer oder von amtlich anerkannten Prüfeinrichtungen erarbeitet.

Alle Untersuchungsbefunde, die sich mit den gesundheitlichen Auswirkungen des Pflanzenschutzmittels auf Mensch und Tier befassen, werden vom *Bundesinstitut für gesundheitlichen Verbraucherschutz und Veterinärmedizin* (BgVV) in Berlin überprüft.

Das *Umweltbundesamt* (UBA) überprüft alle Angaben hinsichtlich möglicher Auswirkungen des Mittels auf Wasser und Luft.

Im *Sachverständigenausschuß,* in dem 25 Mitglieder aus den Fachbereichen Pflanzenschutz, Gesundheitsschutz, Umwelt- und Naturschutz mit

Vertretern der genannten Bundesbehörden zusammenkommen, erfolgt eine eingehende Bewertung der Wirkstoffe und Pflanzenschutzmittel. Hier wird beraten, ob ein neues Mittel ohne Bedenken als Pflanzenschutzmittel zugelassen werden kann oder ob bestimmte Eigenschaften des Mittels für Mensch und Tier und Naturhaushalt Gefahren erkennen lassen, die nach dem derzeitigen Stand wissenschaftlicher Erkenntnis als nicht vertretbar erscheinen.

Die *Biologische Bundesanstalt für Land- und Forstwirtschaft* (BBA) erteilt sodann den endgültigen Bescheid über Zulassung oder Ablehnung des Mittels. Die Anforderungen, die ein Mittel erfüllen muß, um als Pflanzenschutzmittel zugelassen zu werden, sind in den Jahren ständig gestiegen.

> *Merke: Pflanzenschutzmittel gehören zu den bestuntersuchten Umweltchemikalien.*

3.2 Informationen auf der Packung und in der Gebrauchsanleitung

Der Käufer von Pflanzenschutzmitteln muß die Sicherheit haben, nur amtlich zugelassene Präparate zu bekommen. Er kann diese Tatsache an bestimmten Bestandteilen in der Gebrauchsanleitung erkennen, die der Packung aufgedruckt bzw. beigelegt ist (Abb. 4).

Bestandteile der Gebrauchsanleitung sind:
- ▶ **Handelsname** des Präparates.
- ▶ **Wirkstoffname** mit Angabe der **Konzentration** (Gramm [g] oder Milliliter [ml] Wirkstoff pro l oder kg Handelsprodukt).
- ▶ **Zulassungszeichen** der BBA: Dieses Zeichen (Dreieck mit Ährenschlange, Abb. 5) darf einem Präparat nur verliehen werden, das in allen geforderten Prüfungen die gestellten Anforderungen erfüllt hat und vom Sachverständigenausschuß als zulassungsfähig bewertet wird.
- ▶ **Zulassungsnummer:** Unter dem Dreieck befindet sich eine Nummer, mit der dieses Präparat bei der BBA in der Liste der zugelassenen Präparate registriert ist.

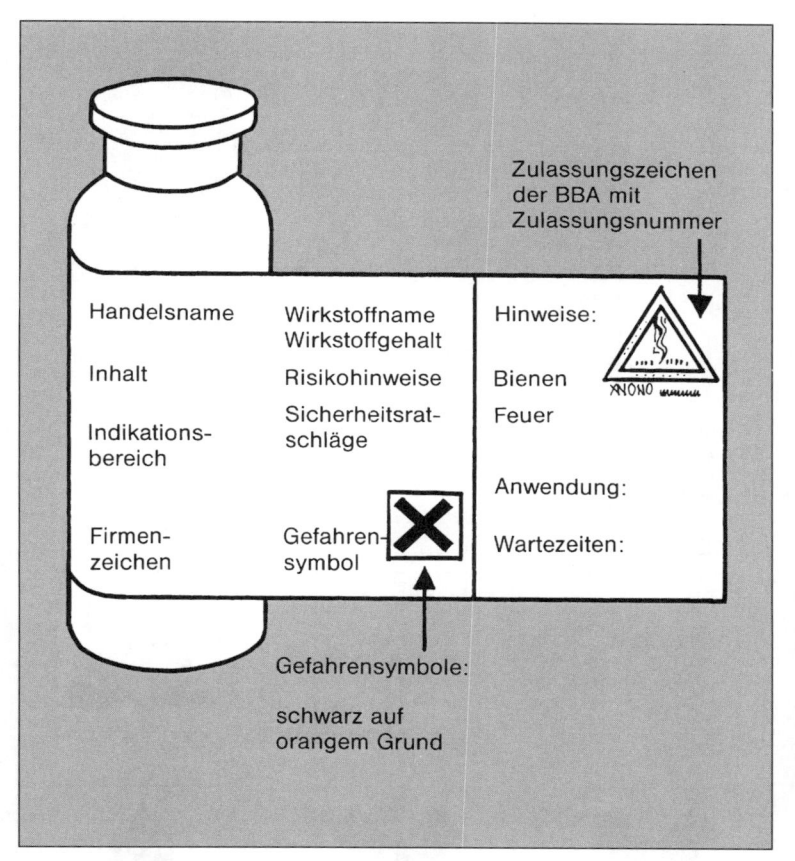

Abb. 4 Bestandteile der Gebrauchsanleitung.

▶ **Vorgesehene Anwendungsgebiete:** Mit der Zulassung legt die Zulassungsbehörde die Anwendungsgebiete für ein Pflanzenschutzmittel fest. Das Gesetz versteht unter Anwendungsgebiet »bestimmte Pflanzen, Pflanzenarten oder Pflanzenerzeugnisse, zusammen mit denjenigen Schadorganismen, gegen die Pflanzen oder Pflanzenerzeugnisse geschützt werden sollen oder den sonstigen Zweck, zu dem das Pflanzenschutzmitel angewandt werden soll.« Ein Verstoß gegen die von der Biologischen Bundesanstalt festgesetzten Anwendungsgebiete und Anwendungsbestimmungen stellt eine Ordnungswidrigkeit dar, die mit Bußgeld bis zu 100 000 DM geahndet werden kann.

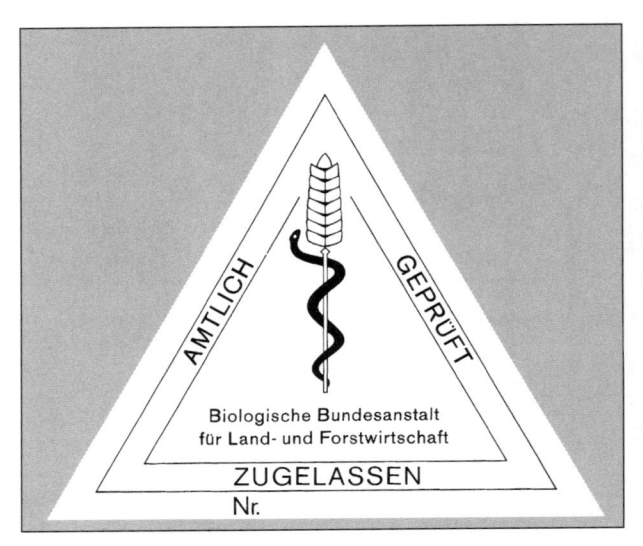

Abb. 5
Zulassungs-
zeichen der
BBA.

AMTLICH GEPRÜFT

Biologische Bundesanstalt
für Land- und Forstwirtschaft

ZUGELASSEN
Nr.

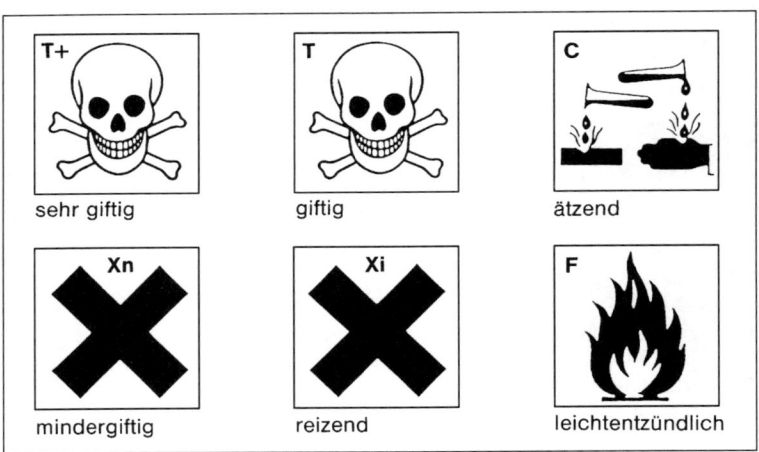

T+ sehr giftig

T giftig

C ätzend

Xn mindergiftig

Xi reizend

F leichtentzündlich

Abb. 6 Gefahrensymbole und Gefahrenbezeichnungen
(schwarzer Aufdruck auf orangegelbem Grund).

▶ **Gefahrensymbole:** Pflanzenschutzmittel haben die Aufgabe, Schadorganismen abzutöten. Sie müssen deshalb für diese giftig wirken. Das heißt aber nicht, daß jedes Pflanzenschutzmittel auch für Warmblüter (Mensch und Säugetier) ebenfalls als Gift zu betrachten ist. Um dem Anwender von Pflanzenschutzmitteln sofort unmißverständliche Hinweise auf deren Gefährlichkeit zu geben, sind die Präparate mit Gefahrensymbolen versehen (Abb. 6).
Diese Einteilung bezieht sich auf die Giftigkeit des unverdünnten Originalmittels. Da aber jedes Pflanzenschutzmittel – auch ein ungiftiges, das keinerlei Symbol trägt – als Fremdstoff zu betrachten ist, sollte jegliche Berührung damit auf ein unvermeidbares Minimum beschränkt werden.

▶ **Schutzhinweise und -gebote:** Hat ein Präparat im Verlauf der Zulassungsprüfung bestimmte Risiken für die Gesundheit von Mensch und Tier oder für den Naturhaushalt erkennen lassen, so sind in der Gebrauchsanleitung entweder Hinweise auf diese Risiken, Kennzeichnungsauflagen oder ausdrückliche Anwendungsverbote für bestimmte Anwendungsbereiche enthalten. Diese Hinweise werden bei besonderen Gefahren in sog. Risikosätzen oder bei Sicherheitshinweisen in Sicherheitsratschlägen zusammengefaßt.

Beispiele:
- Aus dem Bereich Anwenderschutz:
  »Giftig beim Verschlucken« *oder*
  »Giftig beim Berühren mit der Hand« *oder*
  »Der Augenschutz ist bei diesem Mittel besonders wichtig« *oder*
  »Beim Ausbringen des Pflanzenschutzmittels Schutzanzug tragen«.
- Aus dem Bereich Wasserschutz:
  »Keine Anwendung auf Flächen, von denen die Gefahr einer Abschwemmung in Gewässer – insbesondere durch Regen oder Bewässerung – gegeben ist. In jedem Falle sind folgende Mindestabstände zu Oberflächengewässern einzuhalten« *oder*
  »Mittel und dessen Rest sowie entleerte Behälter und Packungen von Gewässern fernhalten«.
- Aus dem Bereich des Tierschutzes:
  »Das Mittel ist fischgiftig« *oder*
  »Das Mittel ist giftig für Fischnährtiere« *oder*
  »Wiesen und Weiden dürfen frühestens 3 Wochen nach der Behandlung genutzt werden«.

▶ **Wartezeiten:** Für jede vorgesehene Anwendung wird bei der Zulassung eine Wartezeit festgelegt, die darüber Auskunft gibt, wieviel Tage mindestens zwischen der letzten Mittelausbringung und der Ernte bzw. frühestmöglichen Nutzung des jeweiligen Gutes vergehen müssen (siehe Kapitel Verbraucherschutz).

Die Anwendung von Pflanzenschutzmitteln nach guter fachlicher Praxis setzt voraus, daß gegen diese Hinweise nicht verstoßen wird.

Merke: In der Gebrauchsanleitung sind alle Angaben zu finden, die der verantwortungsvolle Anwender von Pflanzenschutzmitteln wissen muß. Deshalb: **Gebrauchsanleitung beachten!**

Überprüfen Sie Ihr Wissen mit den Fragen 301–320.

4 Eigenschaften, Wirkungen und Anwendungsverfahren von Pflanzenschutzmitteln

4.1 Begriffserklärungen

Pflanzenschutzmittel sind Stoffe, die dazu bestimmt sind
- Pflanzen und Pflanzenerzeugnisse vor Schadorganismen oder nichtparasitären Beeinträchtigungen zu schützen,
- die Lebensvorgänge von Pflanzen zu beeinflussen, ohne ihrer Ernährung zu dienen (Wachstumsregler),
- das Keimen von Pflanzenerzeugnissen zu hemmen.

Als Pflanzenschutzmittel gelten auch Stoffe, die dazu bestimmt sind, Pflanzen abzutöten oder das Wachstum von Pflanzen zu hemmen oder zu verhindern.

Keine Pflanzenschutzmittel sind
- Wasser,
- Düngemittel im Sinne des Düngemittelgesetzes und
- Pflanzenstärkungsmittel.

Je nach **Wirkungsbereich** lassen sich unterscheiden:
Akarizide	=	Mittel gegen Milben,
Bakterizide	=	Mittel gegen Bakterienkrankheiten,
Fungizide	=	Mittel gegen Pilzkrankheiten,
Herbizide	=	Mittel gegen Unkräuter und Ungräser,
Insektizide	=	Mittel gegen Insekten,
Molluskizide	=	Mittel gegen Schnecken,
Nematizide	=	Mittel gegen Nematoden,
Rodentizide	=	Mittel gegen Nagetiere,
Repellents	=	Abschreckungsmittel, Vergrämungsmittel,
Pheromone	=	Sexuallockstoffe, Schreckstoffe.

4.2 Bestandteile eines Pflanzenschutzmittels

Ein Pflanzenschutzmittel besteht aus:
- dem **aktiven Wirkstoff** (Angabe in % oder g/l oder g/kg),
- **Zusatzstoffen,** die den Wirkstoffen zugesetzt werden, um ihre Eigenschaft oder ihre Wirkungsweise zu verändern bzw. zu verbessern, z. B.

- *Haftmittel* zur besseren Haftung des Spritzbelages,
- *Netzmittel* zur besseren Benetzung bzw. Verteilung des Spritzbelages,
- *Schaumbremser* zur Verhinderung zu starker Schaumentwicklung beim Ansetzen und Einfüllen der Spritzbrühe,
- *Emulgatoren* zur feinen Verteilung eines öligen Mittels in Wasser,
- *Warnfarbstoffe* bei giftigen Wirkstoffen (z. B. Giftgetreide),
- *Lösungsmittel,*
- *Streckmittel* zur besseren Handhabung des Mittels (oftmals 50 % und mehr des Endproduktes).

Wenn sich verschiedene Pflanzenschutzmittel bisweilen nicht mischen lassen, d. h. wenn sie ausflocken, so beruht diese Erscheinung meist auf der gegenseitigen Unverträglichkeit dieser Zusatzstoffe.

Deshalb sind stets die Angaben des Mittelherstellers über **Mischungsmöglichkeiten** zu beachten oder erprobte Mischungstabellen zu Rate zu ziehen.

4.3 Saat- und Pflanzgutbehandlung

Die Saatgutbehandlung ist der erste Schritt zur Ertragssicherung.

Tabelle 3: Saatgutbürtige Krankheitserreger

Saat- und Auflaufkrankheiten
- ▶ Schneeschimmel
- ▶ Spelzenbräune

Erkrankung in späteren Entwicklungsstadien
- ▶ Weizensteinbrand
- ▶ Streifenkrankheit der Gerste
- ▶ Haferflugbrand
- ▶ Weizen- und Gerstenflugbrand

Blatt- und Ährenkrankheiten
- ▶ Schneeschimmel
- ▶ Fusarium-Fuß- und -Ährenkrankheiten
- ▶ Blatt- und Spelzenbräune
- ▶ Rhynchosporium-Blattfleckenkrankheit
- ▶ Netzfleckenkrankheit der Gerste
- ▶ Braunfleckenkrankheit des Hafers

Beizmittel

Das Bekämpfen von samenbürtigen Krankheiten wie Steinbrand, Zwergsteinbrand, Flugbrand, Streifenkrankheit der Gerste, Schneeschimmel kann durch Beizen des Saatgutes erreicht werden. Das Beizen richtet sich aber auch gegen Schadpilze in der Keimzone und teilweise gegen boden- und luftbürtige Krankheitserreger im Jungpflanzenstadium (z. B. Mehltau).

Saatgutpuder

Sie enthalten insektizide Wirkstoffe und werden z. B. gegen Drahtwurm, Brachfliege, Rapserdfloh, Moosknopfkäfer oder Tipula (Larve der Wiesenschnaken) eingesetzt.

Saatgutinkrustierung

Dieses Verfahren wird vor allem bei der Behandlung von Gemüse-, Raps-, Rüben- und Maissaatgut zur Bekämpfung tierischer Schädlinge angewandt. Mit Hilfe eines Haftmittels wird das Insektizid am Saatkorn angelagert.
Diese Behandlung kann die Fließeigenschaft des Saatgutes verändern. Deshalb muß die Drillmaschine unbedingt exakt abgedreht werden.

Saatgutpillierung

Zum Erzielen einheitlicher Korngrößen wird das Saatgut von Rüben und kleinsamigem Gemüse mit einer Pillierungsmasse aus Gesteinsmehl oder anderem Material umhüllt, dem Fungizide und Insektizide beigemischt sind.

Pflanzgutbehandlung

Pflanzkartoffeln, Blumenzwiebeln, Stecklinge und Jungpflanzen können entweder durch Einpudern oder durch Naßbehandlung (Eintauchen in Lösungen mit chemischen Mitteln gegen Pilze, Bakterien oder tierische Schädlinge) geschützt werden.

Vergrämungsmittel

Zum Schutz des Saatgutes vor Vogelfraß kann eine Behandlung mit einem Vergrämungsmittel erfolgen. Sobald die Saat »spitzt«, nimmt die abschreckende Wirkung rasch ab.

4.4 Herbizide

Von allen chemischen Pflanzenschutzmaßnahmen entfällt mehr als die Hälfte auf die Unkrautbekämpfung. Nach ihrer Wirkungsweise lassen sich die Herbizide einteilen in
- Kontaktmittel,
- Wuchsstoffe oder wuchsstoffähnliche Mittel,
- Bodenherbizide.

Kontaktmittel

Sie wirken nur am Ort der Benetzung der Pflanze und werden innerhalb der Pflanze nicht oder nur unwesentlich weitertransportiert. Die Pflanzen gehen durch Chlorophyllzerstörung zugrunde.
Kontaktmittel eignen sich zur Bekämpfung von Samenunkräutern. Wurzelunkräuter werden nicht ausreichend bekämpft. Die Kontaktmittel besitzen eine gute Kulturpflanzenverträglichkeit und sind hinsichtlich der Schädigungsgefahr durch Abtrift weitgehend unbedenklich. Deshalb werden sie in der Nähe von wuchsstoffempfindlichen Kulturen vorzugsweise verwendet. Haupteinsatzgebiete sind Getreide und Mais.
Beispiele: Basagran, Buctril.

Wuchsstoffe oder wuchsstoffähnliche Mittel

Diese Mittel führen zu übersteigertem Wachstum, schweren Mißbildungen, Stoffwechselstörungen und schließlich zum Tod der Unkräuter. Die Wirkstoffaufnahme erfolgt zum größten Teil über das Blatt.
Durch die anschließende Verteilung in der gesamten Pflanze werden auch Wurzelunkräuter erfaßt. Wuchsstoffe liegen in Salz- oder Esterform vor. Ester dringen in kürzerer Zeit in die Unkräuter ein als Salzverbindungen.
Die Anwendung erfolgt ab 3- bis 4-Blatt-Stadium bis zum Ende der Bestockung des Getreides. Die teilweise sehr spezifische Wirkung erfordert vor dem Kauf der Mittel das Feststellen der im Bestand vorherrschenden Unkräuter (= Leitunkräuter).

Tabelle 4: Witterungsvoraussetzungen für den Einsatz von Wuchsstoffmitteln

Witterung	Salze	Ester
Temperatur: tags	über 15 °C	5–20 °C
: nachts	über 5 °C	über 0 °C
Regen nach frühestens	4 h	1 h
relative Luftfeuchtigkeit	über 30 %	über 50 %

Breitblättrige Kulturen wie Hopfen, Wein, Rüben, Raps und Gemüse können durch Abtrift stark geschädigt werden. Auf Vorsichtsmaßnahmen (Spritztechnik, Beachtung der Windverhältnisse, eventuell Änderung der Mittelwahl) ist besonders zu achten!

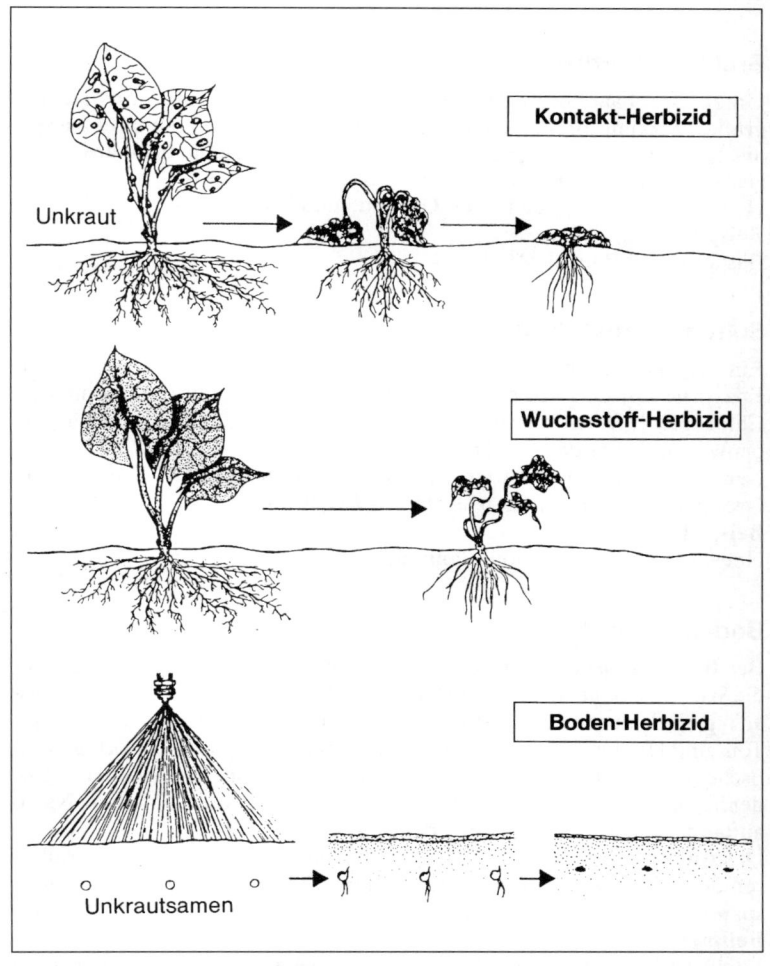

Abb. 7   Wirkungsweise von Herbiziden.

Die wichtigsten **Wirkstoffgruppen** sind 2,4-D und MCPA (gegen Ackerdistel und leicht bekämpfbare Samenunkräuter), Dichlorprop (DP, gegen Knöterricharten und Klettenlabkraut) und Mecoprop (CMPP, gegen Klettenlabkraut und Vogelmiere). Einsatzgebiete sind Getreide und Dauergrünland.

Breitbandherbizide

Unter Breitbandherbiziden versteht man *Kombinationspräparate* mit großer Wirkungsbreite gegen breitblättrige Unkräuter, die in der Regel aus Kontaktmittel und Wuchsstoffherbiziden, manchmal auch aus einem zusätzlichen Bodenherbizid zusammengesetzt sind.
Hauptanwendungsgebiete sind Getreide und Dauergrünland.
Beispiele:
Basagran DP, Banvel-M.

Sulfonylharnstoff-Mittel

Eine eigene Wirkstoffgruppe stellen die **Sulfonylharnstoffe** dar, die das Enzymsystem der Aminosäuren als Angriffsort haben und somit zum Chlorophyllverlust führen. Sie sind überwiegend Kontaktmittel mit Nebenwirkung über den Boden.
Neu ist die extrem niedrige Aufwandmenge. So weist z. B. das Mittel Gropper eine Aufwandmenge von 25–40 g/ha auf.
Beispiele:
Hoestar, Concert, Harmony, Pointer.

Bodenherbizide

Bei **Bodenherbiziden** erfolgt die Wirkstoffaufnahme überwiegend über die Wurzel, z. T. auch über das Blatt. Entscheidend für den Bekämpfungserfolg sind ausreichende Bodenfeuchtigkeit und Berücksichtigung des Ton- und Humusgehaltes des Bodens. Zu beachten sind auch sortenspezifische Einschränkungen und eventuelle Nachbaubeschränkungen. Bodenherbizide können im Vorsaateinarbeitungs-, Vorauflauf- und Nachauflaufverfahren eingesetzt werden.
Das Anwendungsgebiet der Bodenherbizide erstreckt sich auf alle Kulturen des Ackerbaus. Aufgrund der Dauerwirkung im Boden werden auch später keimende Unkrautpflanzen erfaßt.
Beispiele:
Vorsaat-Einarbeitungsmittel: Avadex 480 (gegen Flughafer, Ackerfuchsschwanz in Getreide und Rüben), Elancolan KSC, (gegen Unkräuter und Ungräser im Raps).

Zu den *Vor-* und *Nachauflaufmitteln* zählen Triazine (Gardoprim-Präparate und Igran 500 fl. im Mais, Sencor im Kartoffelbau), Harnstoffherbizide (Arelon fl., Dicuran 700 fl.) und Dinitroaniline (Stomp SC, Elancolan). Weiterhin kann unterschieden werden zwischen *selektiv* wirkenden Herbiziden, die die Kulturpflanzen schonen, und *nicht selektiv* wirkenden Herbiziden, die nahezu alle behandelten Pflanzen abtöten.
Inzwischen stehen bei einzelnen Kulturen (Mais, Zuckerrüben) Sorten kurz vor der Markteinführung, bei denen mit Hilfe der *Gentechnik* eine Toleranz gegen bestimmte, nicht selektiv wirkende Herbizide (z. B. Basta, Roundup) eingefügt wurde.

Tabelle 5: Welches Herbizid zu welchem Termin?

Termin	Entwicklungszustand Kulturpflanze	Entwicklungszustand Unkraut	Herbizid
Vorsaat	nicht gesät	nicht aufgelaufen	Bodenherbizid
		aufgelaufen	Kontaktherbizid, systemisches Herbizid
Vorauflauf	gesät, aber noch nicht aufgelaufen	nicht aufgelaufen	Bodenherbizid
		aufgelaufen	Kontaktherbizid, systemisches Herbizid
Nachauflauf	aufgelaufen	nicht aufgelaufen	Bodenherbizid
		aufgelaufen	Kontaktherbizid, systemisches Herbizid

4.5 Fungizide

Fungizide Wirkstoffe sind Substanzen, die die Entwicklung von Schadpilzen an und in unseren Kulturpflanzen hemmen oder völlig unterbinden. Die anorganischen Schwefel- oder Kupferpräparate wurden von den organisch-synthetischen Verbindungen in den Hintergrund gedrängt.
Die Fungizide lassen sich nach ihrer **Wirkungsweise** in zwei Gruppen einteilen:
▶ **Kontaktfungizide** töten Pilzsporen und ihre Keimschläuche lediglich auf der Pflanzen- oder Saatgutoberfläche ab und müssen daher vor dem Eindringen des Pilzes in die Pflanze, d. h. vorbeugend eingesetzt werden. Der Schutzbelag muß auf der Oberfläche der zu schützenden

Organe möglichst gleichmäßig verteilt werden. Neu zuwachsende Blätter ohne Spritzbelag sind nicht geschützt (z. B. Brestan flüssig, Daconil).

▶ **Systemisch wirkende Fungizide** dringen in das Pflanzengewebe ein und werden im Gefäßsystem überwiegend nach oben transportiert (z. B. Ridomil Gold MZ, Bayfidan).
Ihre Vorteile sind:
– Schutz vor Abwaschung durch Niederschläge,
– Schutz auch neu zuwachsender Pflanzenteile,
– Bekämpfung von Pilzen, die bereits in die Pflanze eingedrungen sind (heilende Wirkung).
– Einige Fungizide bilden auf der Pflanzenoberfläche stabile **Wirkstoffdepots.** Durch Diffussion verteilen sie sich auf und in der Pflanze. Sie besitzen eine lange vorbeugende Wirkungsdauer, weitgehend unabhängig von Witterungseinflüssen.

Die Auswahl der Wirkstoffe muß unter dem Gesichtspunkt der Wirkungsbreite und der Vermeidung von Resistenzbildung beim Schaderreger erfolgen. Die meisten Kontaktfungizide greifen im Stoffwechsel der Schadpilze gleichzeitig an mehreren Stellen an. Dank ihrer unspezifischen Wirkungsweise erfassen sie meist ein breites Erregerspektrum. Die Gefahr der Resistenzbildung ist als gering einzustufen.

Die systemischen Fungizide haben dagegen meist eine sehr spezifische Wirkungsweise und greifen im Stoffwechsel des Schadpilzes vorrangig nur an einem Wirkungsort an. Dies erklärt auch die Eingrenzung der Wirkung auf jeweils verwandte Schaderregergruppen.

Bereits durch eine einzige Änderung im Erbgut kann sich der Schadpilz an ein Fungizid anpassen. Bei Fungiziden mit spezifischer Wirkungsweise besteht ein höheres Risiko resistenter Erregerformen. Um der **Resistenzbildung** vorzubeugen, soll bei wiederholt erforderlichen Behandlungen ein *Wirkstoffwechsel* vorgenommen oder eine *Wirkstoffkombination* gewählt werden.

4.6 Insektizide

Wirkstoffe mit lokaler Wirkung (z. B. Pyrethroide)

Sie treffen den Schädling entweder direkt oder sie werden durch möglichst gleichmäßiges Verteilen auf der Pflanzenoberfläche durch ihn aufgenommen. Einige Insektizide haben eine gute Tiefenwirkung, die insbesondere zur Bekämpfung minierender Schädlinge (z. B. Maden der Rübenfliege) erforderlich ist.

Insektizide mit systemischer Wirkung (z. B. Metasystox)

Sie werden schnell von der Pflanze aufgenommen und in ihr weiterverteilt. Als wichtigste **Anwendungsvorteile** der systemischen Insektizide sind zu nennen:
▶ Die schnelle Aufnahme durch die Pflanze vermindert die Gefährdung nützlicher Insekten. Schon wenige Stunden nach der Anwendung werden nur noch pflanzensaugende oder -fressende Insekten erfaßt, deren natürliche Feinde aber geschont.
▶ Die gute Verteilung in der Pflanze erreicht auch versteckt sitzende, mit lokal wirksamen Mitteln nur schwer zu treffende Schädlinge.
▶ Die Anforderungen an die Verteilung des Mittels und an die Witterungsbeständigkeit sind geringer; durch die schnelle Aufnahme werden die Wirkstoffe dem Einfluß der Außenfaktoren weitgehend entzogen.

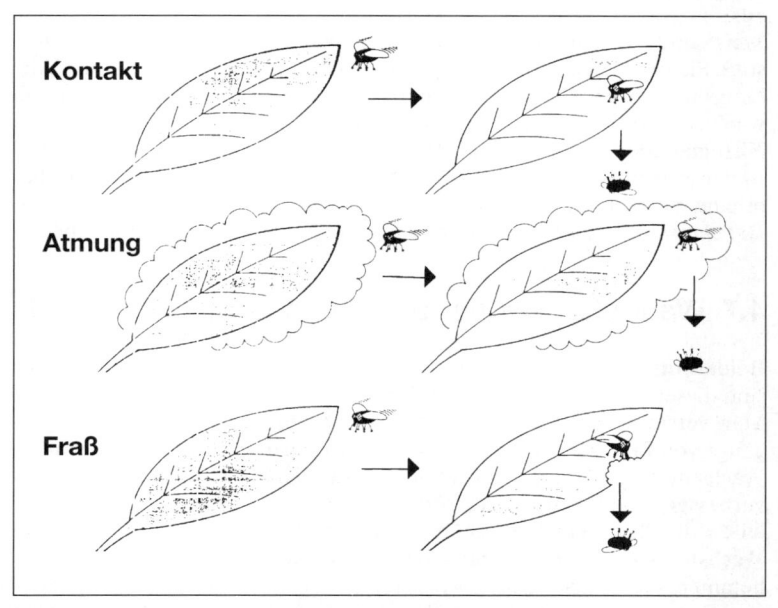

Abb. 8 Aufnahme von Insektiziden durch den Schädling.

Wirkstoffgruppen

Die Insektizide lassen sich in folgende **Wirkstoffgruppen** einteilen:
– Phosphorsäureester,
– Carbamat-Insektizide,

- Synthetische Pyrethroide,
- Nitroguanidine.

Phosphorsäureester (z. B. Metasystox) zeichnen sich aus durch
- gute Wirksamkeit nicht nur gegen fressende, sondern auch gegen saugende Insekten und Milben;
- schnellen Wirkungsbeginn, kürzere Wirkungsdauer;
- schnellen Abbau in und auf der Pflanze, d. h. geringere Rückstandsgefahr und kurze Wartezeiten.

Bei den **Carbamat-Insektiziden** (z. B. Pirimor) gibt es eine Vielzahl an Wirkstoffen, die sich hinsichtlich Wirkungsweise, Wirkungsbreite und der akuten Giftigkeit unterscheiden. Sie werden bevorzugt eingesetzt bei Resistenzerscheinungen gegen Wirkstoffe aus anderen Mittelgruppen.

Synthetische Pyrethroide (z. B. Karate) besitzen vorwiegend eine Kontakt- und Fraßwirkung. Sie zeichnen sich durch hohe Wirksamkeit bereits bei geringen Aufwandmengen und durch geringe Warmblütergiftigkeit aus.

Meist sind sie sehr fischgiftig und z. T. auch als bienengefährlich eingestuft. Sie besitzen eine ausgeprägte Sofortwirkung und einen breiten Wirkungsbereich. Pyrethroide sind bereits bei niedrigen Temperaturen voll wirksam und haben eine relativ lange Wirkungsdauer.

Nitroguanidine (z. B. Confidor WG70) wirken als Fraß- und Kontaktgift. In der Pflanze verteilt sich der Wirkstoff systemisch, auf den Blättern hat er eine gute translaminare Verteilung.

Die *chlorierten Kohlenwasserstoffe* haben heute keine Bedeutung mehr.

4.7 Wachstumsregler und Keimhemmungsmittel

Beide Mittelgruppen sind keine Pflanzenschutzmittel im engeren Sinne, sind diesen aber durch Gesetz und im Sprachgebrauch gleichgestellt.

Man versteht darunter »Stoffe, die dazu bestimmt sind, die Lebensvorgänge von Pflanzen zu beeinflussen, ohne ihrer Ernährung zu dienen«.

Wachstumsregler sollen sowohl den Ertrag sichern als auch die Qualität verbessern, die Bewurzelung fördern, die Blüten- und Fruchtbildung einleiten, die Standfestigkeit erhöhen sowie die Ernte erleichtern.

Wachstumsregler auf Chlormequat-chlorid-Basis (CCC)
hemmen das Zellstreckungswachstum, ohne daß die allgemeine Substanzproduktion der Getreidepflanze beeinträchtigt wird. Dabei werden die Halmlänge verkürzt, der Halmdurchmesser vergrößert und die Halmwand verstärkt. CCC kann somit bei Getreide (Weizen, Roggen, Hafer) sowohl das physiologisch bedingte als auch das parasitäre, durch Halmbrucherreger hervorgerufene Lagern unterbinden oder zumindest wesentlich mindern.

Wachstumsregler auf Ethephon-Basis (Terpal C)
werden über das Blatt aufgenommen. Die Wuchshemmung beginnt bei Temperaturen über 15 °C; bei späten Anwendungsterminen ist sie wegen der höheren Temperaturen stärker als bei frühen. Je nach Anwendungstermin werden die mittleren bis oberen Halmglieder verkürzt.
Bei zu spätem Einsatz kann es zu Spindelverkürzung, Steckenbleiben der Ähre und Spitzentaubährigkeit kommen.
Wachstumsregler auf Trinexapac-ethyl-Basis (Moddus)
bewirken einen schnelleren, aber kurzfristigeren Eingriff. Die Einkürzung beschränkt sich auf ein oder wenige Internodien.

4.8 Rodentizide

Mittel zur Bekämpfung schädlicher Nagetiere werden Rodentizide genannt. Zu den Schadnagern zählen z. B. Wanderratte, Hausmaus, Feldmaus, Wühlmaus.
Rodentizide sind als Langzeit- oder Akutgifte im Handel.
Langzeitgifte führen erst nach mehrmaliger Aufnahme und mit einer Verzögerung von mehreren Tagen zum Tode. Die meisten von ihnen wirken der Blutgerinnung entgegen, so daß die Tiere schmerzlos innerlich verbluten.
Cumarinderivate stellen eine Gefährdung für Hunde, Katzen und Schweine dar. Deshalb dürfen die Köder z. B. zur Rattenbekämpfung nur verdeckt in Rattenfutterkästen ausgelegt werden.
Akutgifte bewirken den Tod der Tiere bereits nach einmaliger Aufnahme. Zu den schnell wirksamen Wirkstoffen gehören z. B. Calcium- oder Aluminium-Phosphid. Präparate oder Köder mit diesem Wirkstoff dürfen nur in geschlossenen Räumen oder unzugänglich für andere Tiere ausgebracht werden. Um Sekundärvergiftungen zu vermeiden, sind tot aufgefundene Tiere einzusammeln und gefahrlos zu beseitigen.
Begasungsmittel sind Akutgifte, die Phosphorwasserstoff entwickeln. Sie sind als Pellets, Patronen oder Granulate zur Schermausbekämpfung im Handel. Da dieser Stoff auch für den Menschen sehr gefährlich ist, wurde die Anwendungserlaubnis auf einen autorisierten, fachkundigen Personenkreis beschränkt.

Köderformen

Haftgifte sind pulverförmige Formulierungen, die in Ratten- und Mäuselöcher sowie auf Wechsel gestreut werden. Beim Putzen gelangen Pulverteilchen von Fell und Füßen über den Magen in den Darm, wo die Wirkung eintritt.

Fraßgifte können als Fertigköder bezogen oder durch Begiftung z. B. von Haferflocken selbst hergestellt werden. Da diese Wirkstoffe mehrmals gefressen werden müssen, ist so lange nachzulegen, bis keine Aufnahme mehr erfolgt.

4.9 Verhalten chemischer Pflanzenschutzmittel

In der Öffentlichkeit werden Pflanzenschutzmittel häufig mit »Giften« gleichgesetzt. Ein Blick auf die Entwicklung des Pflanzenschutzes zeigt, daß es gelungen ist, die hochgiftigen Stoffe aus der Anfangszeit der chemischen Bekämpfungsverfahren durch weniger giftige oder ungiftige Produkte zu ersetzen. Von den derzeit zugelassenen Pflanzenschutzmitteln sind nur 6 % als giftig oder sehr giftig einzustufen.

Die derzeit zugelassenen Pflanzenschutzmittel werden im Gegensatz zu den persistenten früherer Jahre relativ rasch umgewandelt oder vollständig abgebaut. Beim Um- und Abbau spielen physikalische (UV-Licht, Verflüchtigung), chemische und biologische Vorgänge (Mikroorganismen) eine Rolle.

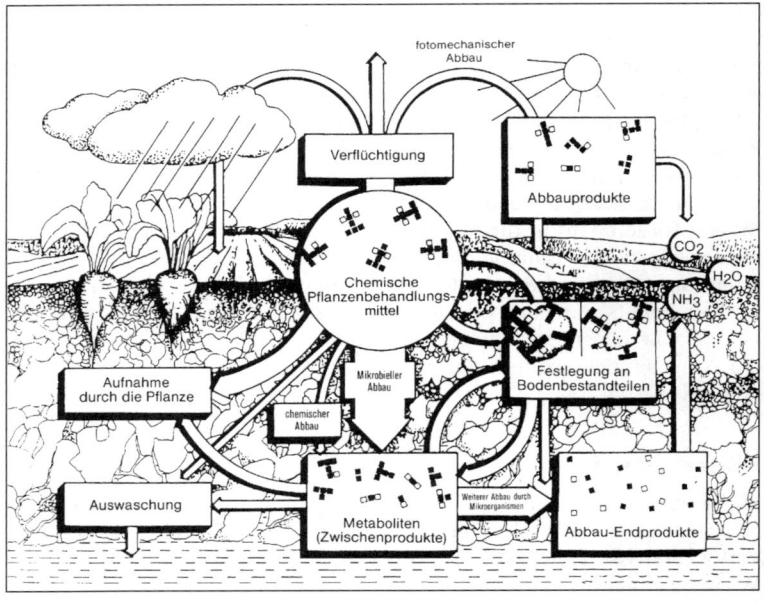

Abb. 9   Schema der Abbauvorgänge chemischer Pflanzenschutzmittel in Pflanze und Boden.

Die beim **Abbau** entstehenden *Zwischenprodukte* (Metaboliten) verlieren meist ihre ursprüngliche Ausgangswirkung. Im Boden erfolgt der Abbau in der Regel durch Mikroorganismen bis zu Endprodukten wie Kohlendioxid, Wasser, Ammoniak.

Unter bestimmten Bedingungen können Wirkstoffreste oder Umwandlungsprodukte auch an Bodenbestandteile gebunden oder in den Humus eingebaut werden. Inwieweit es beim Humusstoffwechsel wieder zur Freisetzung dieser Substanzen kommt, ist heute noch nicht abschließend geklärt. Das gleiche gilt für mögliche Reaktionen der Umwandlungsprodukte untereinander.

Überprüfen Sie Ihr Wissen mit den Fragen 401–454.

5 Integrierter Pflanzenschutz

Integrierter Pflanzenschutz ist eine Kombination von Verfahren, bei denen unter vorrangiger Berücksichtigung biologischer, biotechnischer, pflanzenzüchterischer sowie anbau- und kulturtechnischer Maßnahmen die Anwendung chemischer Pflanzenschutzmittel auf das notwendige Maß beschränkt wird.

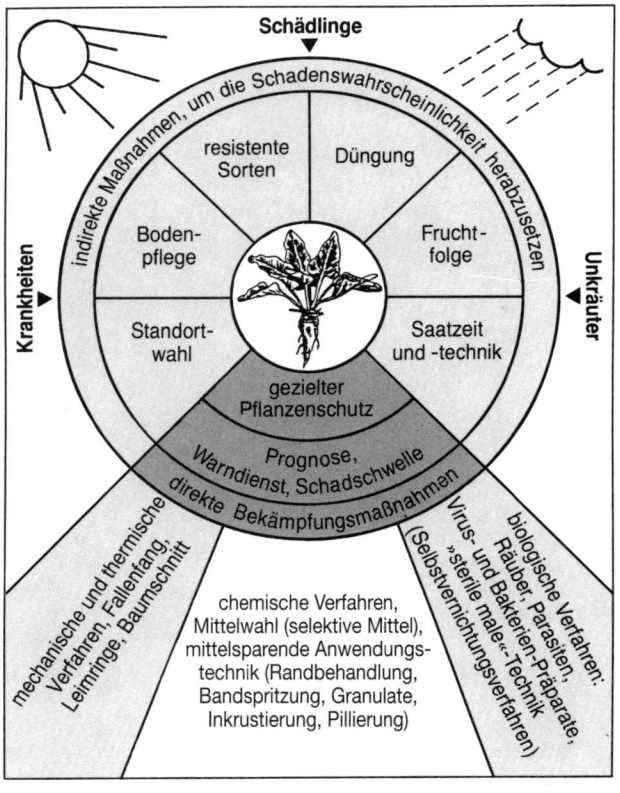

Abb. 10 Schema des Integrierten Pflanzenschutzes.

5.1 Grundsätze des Integrierten Pflanzenschutzes

Das Pflanzenschutzgesetz fordert, im Rahmen der *guten fachlichen Praxis* die **Grundsätze** des Integrierten Pflanzenschutzes zu berücksichtigen:
- Entwicklung von Anbausystemen, in denen möglichst wenige Schadorganismen auftreten;
- Förderung der Pflanzengesundheit durch pflanzenbauliche Maßnahmen (Fruchtfolge, Bodenbearbeitung, Sortenwahl, Saat- und Pflanzzeit, Düngung);
- Erhaltung und Förderung von Nützlingen;
- sorgfältige Beobachtung des Wachstums der Kulturpflanzen und des Auftretens von Schadorganismen (Befallskontrollen);
- Bevorzugung praktikabler mechanischer, biologischer und biotechnischer Bekämpfungsmaßnahmen;
- Anwendung chemischer Pflanzenschutzmittel nur unter Berücksichtigung der wirtschaftlichen Schadens- oder Bekämpfungsschwelle;
- laufende und sorgfältige Erfassung der Schadorganismendichte und -ausbreitung;
- Festlegung der Aufwandmenge in Abhängigkeit von Witterung, Entwicklungsstadium der Kulturpflanzen und der Schadorganismen;
- Ausschöpfung der anwendungstechnischen Möglichkeiten (z. B. Teilflächenbehandlung).

Integrierter Pflanzenschutz setzt möglichst genaue **Kenntnisse** voraus über die
- Lebensweise, Vermehrung und Ausbreitung von Schadorganismen, Nützlingen und indifferenten Organismen in der Kulturlandschaft;
- Eigenschaften der Kulturpflanze und ihre Reaktion auf Kulturmaßnahmen zur Herabsetzung der Schadenswahrscheinlichkeit;
- Auswirkung chemischer Pflanzenschutzmittel auf Schadorganismen und Nützlinge;
- Höhe der wirtschaftlichen Schadensschwelle bzw. Bekämpfungsschwelle und deren Veränderung durch biologische, ackerbauliche und wirtschaftliche Einflußgrößen.

Die **sinnvolle Verknüpfung** möglichst aller Maßnahmen zum Schutz der Kulturpflanze bildet das Kernstück des Integrierten Pflanzenschutzes. Dies ist schwierig, da zum Teil noch erhebliche Forschungsarbeit zu leisten ist. In vielen Fällen können aber bereits jetzt Einzelmaßnahmen zu einem Pflanzenschutzsystem kombiniert werden.

Der Integrierte Pflanzenschutz vermag kein allgemeines, immer gültiges Programm zu bieten, das von der Praxis als Rezept einfach übernommen werden kann. Vielmehr gilt es, unter den jeweiligen Voraussetzungen, die von Schlag zu Schlag verschieden sein können, die geeigneten Abwehrmaßnahmen neu zu kombinieren.

5.2 Instrumente des Integrierten Pflanzenschutzes

Wirtschaftliche Schadensschwellen

Das Auftreten von Krankheiten, Schädlingen und Unkräutern in unseren Kulturpflanzenbeständen ist nicht in jedem Falle gleichzusetzen mit einer Schädigung, also mit Ertrags-, Qualitäts- oder Einkommensverlusten. Pflanzenschutzmittel kommen erst dann zum Einsatz, wenn der absehbare Schaden die Bekämpfungskosten übersteigt.

Die **wirtschaftliche Schadensschwelle** gibt die Befallsstärke oder den Grad der Verunkrautung an, die gerade *noch geduldet* werden können. Es werden also Schaderregerdichte, Schadenshöhe und Höhe der Bekämpfungskosten in eine enge gegenseitige Beziehung gebracht. An die Stelle des biologisch fragwürdigen Ziels der Ausrottung der Schadorganismen tritt ein System der Regulierung von Krankheiten, Schädlingen und Unkräutern.

Tabelle 6: Beispiele von Bekämpfungsschwellen

Kulturart	Schaderreger	Kontrolle	Bekämpfungsschwelle	Bemerkungen
Weizen	Getreideblattläuse	Ende der Blüte 5 × 10 Ähren auf Befall prüfen	3–5 Blattläuse je Ähre = 60–80% der Ähren besiedelt	nützlingsschonende Pflanzenschutzmittel einsetzen
Raps	Großer Rapsstengelrüssler	ab Ende Februar Aufstellen von Gelbschalen und Zählen der gefangenen Käfer	10–15 Käfer in 3 Tagen	bei anhaltendem Zuflug die Behandlung frühestens nach 14 Tagen wiederholen
	Rapsglanzkäfer	von Knospenbildung bis Blühbeginn: Käfer je 10 Pflanzen zählen	*Winterraps:* 5 Käfer/Pflanze am Rand des Feldes *Sommerraps:* 1–3 Käfer/Pflanze am Rand des Feldes	bei gleichmäßigem Befall im gesamten Feldbestand verringert sich die Bekämpfungsschwelle etwa um die Hälfte
Rüben	Rübenfliege	ab Auflaufen bis 6-Blatt-Stadium Blätter nach Maden absuchen	2 Maden / Blatt	Behandlung bei beginnender Fraßtätigkeit

- Die Häufigkeit der Anwendung chemischer Pflanzenschutzmittel wird durch Beachten der wirtschaftlichen Schadensschwellen geringer,
- die Nützlinge werden weniger stark beeinträchtigt,
- die Gefahr der Resistenzbildung beim Schaderreger läßt sich verringern und
- die Produktionskosten sinken.

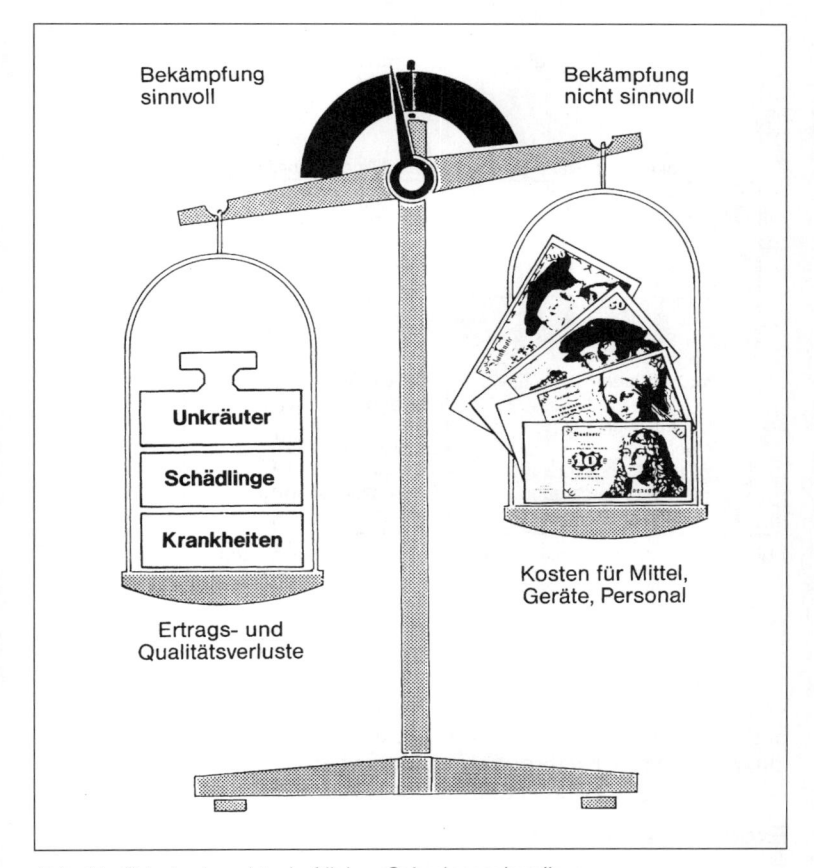

Abb. 11 Prinzip der wirtschaftlichen Schadensschwelle.

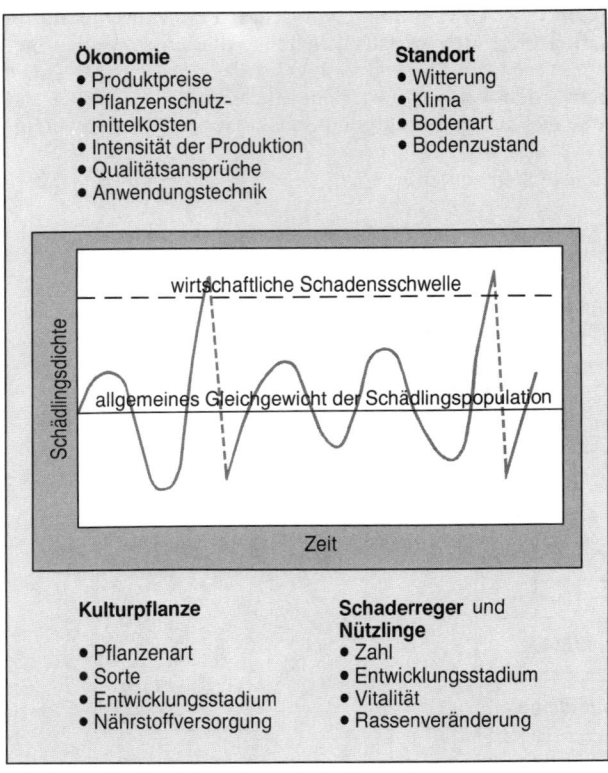

Ökonomie
- Produktpreise
- Pflanzenschutzmittelkosten
- Intensität der Produktion
- Qualitätsansprüche
- Anwendungstechnik

Standort
- Witterung
- Klima
- Bodenart
- Bodenzustand

[Diagramm: Schädlingsdichte über Zeit mit wirtschaftlicher Schadensschwelle und allgemeinem Gleichgewicht der Schädlingspopulation]

Kulturpflanze
- Pflanzenart
- Sorte
- Entwicklungsstadium
- Nährstoffversorgung

Schaderreger und **Nützlinge**
- Zahl
- Entwicklungsstadium
- Vitalität
- Rassenveränderung

Abb. 12 Faktoren, die die Schadensschwellen beeinflussen.

Die wirtschaftliche Schadensschwelle wird von einer Vielzahl wechselnder Faktoren beeinflußt (Abb. 12).
Diese vielen Faktoren, die z.T. vom Landwirt nicht beeinflußt werden können, bringen es mit sich, daß Schadens- und Bekämpfungsschwellen nur Annäherungswerte sein können, die dann am jeweiligen Standort aufgrund eigener Erfahrung abgeändert werden müssen.

Experten- und Prognosesysteme

Es gibt vielseitige Bemühungen, den Landwirt in seiner Bekämpfungsentscheidung zu unterstützen.
Expertensysteme/Entscheidungsmodelle fassen das Wissen von Experten zusammen und sind meist als EDV-Programm aufbereitet. Vorausgesetzt wird in der Regel eine exakte Befallsermittlung. Hoch entwickelte

Modelle geben auch *Empfehlungen* für die Mittelwahl (z. B. Weizenmodell Bayern, ProPlant, ProPhy, SchorfExpert)
Prognosesysteme / Simulationsmodelle berechnen die Entwicklung von Schaderregern. Aktuelle Wetterdaten sind dabei eine zwingende Voraussetzung. Eigene Befallsermittlungen sind für die Prognose nicht unbedingt erforderlich.
Die einfachste Form stellt die *Negativprognose* dar, die den Zeitraum berechnet, in dem mit keinem nennenswerten Befall der Krankheit zu rechnen ist.
Andere Modelle simulieren mit Hilfe von Witterungdaten Befallsbeginn und Befallsverlauf von Krankheiten und geben Empfehlungen zur Fungizidbehandlung in Abhängigkeit vom jeweiligen Befallsdruck.
Beispiel: SYMPHYT bei Krautfäule der Kartoffel.
Prognosen können stets nur eine regionsspezifische *Hilfestellung* für den Entscheidungsprozeß des Landwirtes darstellen. Im Integrierten Pflanzenschutz muß der Praktiker aufgrund dieser Hinweise unter Berücksichtigung von Sorte, Pflanzenentwicklung, Düngung, Befallsdruck und dem Vorhandensein natürlicher Begrenzungsfaktoren (z. B. Nützlinge) in seinen Beständen selbst ermitteln, ob Bekämpfungsmaßnahmen erforderlich sind.

Pflanzenschutz-Warndienst

Der **Pflanzenschutz-Warndienst** hat die **Aufgabe,** auf der Grundlage von Prognosen, Beobachtungen und Erhebungen die Praxis vor dem Auftreten von Schädlings- und Krankheitsbefall **zu warnen,** damit eine *gezielte Bekämpfung,* vor allem *zum richtigen Zeitpunkt,* durchgeführt werden kann.
Zu seiner Aufgabe gehört es auch, die unter den gegebenen Umständen zweckmäßigsten und möglichst umweltschonenden Bekämpfungsverfahren aufzuzeigen (z. B. Randbehandlungen der Felder bei flugträgen Schädlingen). Er gibt ferner der Praxis **Hinweise** für eigene Bestandeskontrollen zum optimalen Abschätzen des Schaderregerbefalls, um eine gezielte Bekämpfung auf der Grundlage der wirtschaftlichen Schadensschwelle zu ermöglichen.
Jeder Anbauer soll mit Hilfe der Mitteilungen des Warndienstes überprüfen, ob für seine Bestände eine Gefahr durch die angeführten Schadorganismen besteht. Der Warndienst wird der Praxis über telefonische Anrufbeantworter, Postkarten, Warndienstabonnements, Fernsprech-Ansagedienst, Telefax und Online-Dienste angeboten.

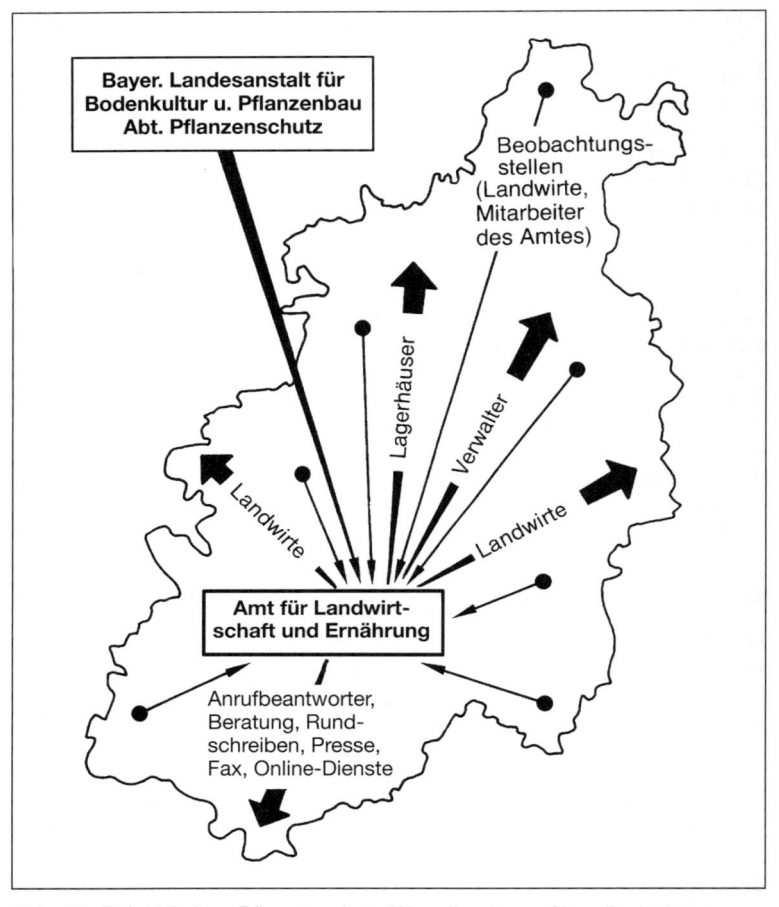

Abb. 13 Beispiel eines Pflanzenschutz-Warndienstes auf Landkreisebene.

5.3 Indirekte Bekämpfungsverfahren

Hierzu zählen alle acker- und pflanzenbaulichen Maßnahmen, um die Schadenswahrscheinlichkeit durch Krankheiten, Schädlinge und Unkräuter herabzusetzen.

Standortwahl

Jede Pflanzenart stellt bestimmte Ansprüche an den Standort, um sich optimal entwickeln zu können. Die Wahl *standortgerechter Pflanzenarten* und *-sorten* ist eine wichtige vorbeugende Maßnahme, um Ertrags- und Qualitätsverluste durch Schadorganismen zu verringern.
Die Kohlhernie tritt z. B. nur selten schädigend bei alkalischer Bodenreaktion auf, während der gewöhnliche Kartoffelschorf bei erhöhtem pH-Wert gefördert wird.

Bodenpflege

Ein humusreicher, garer Boden fördert die Entwicklung der Pflanzen, so daß sie tierischen Schädlingen »aus den Zähnen« wachsen können (Mooskopfkäfer, Rübenfliege). Andererseits kann er die in ihm wohnenden Krankheitserreger ausschalten und somit eine biologische Selbstentseuchung erreichen (Schwarzbeinigkeit des Weizens und Wurzelbrand der Rüben).
Auch sind Gefahren durch Rückstände nach Anwendung von Bodenherbiziden um so weniger zu befürchten, je aktiver das Bodenleben ist (Wirkstoffabbau).

Resistente Sorten

Die Wahl von *resistenten* oder *weniger anfälligen Sorten* ist ein wirksamer indirekter Pflanzenschutz.
Auf verseuchten Flächen wird der Anbau bestimmter Kulturen (z. B. Kartoffeln) erst durch resistente Sorten möglich (Schaden durch Kartoffelnematoden). Durch den Anbau nematodenresistenter Ölrettichsorten läßt sich der Besatz mit Rübenzystenälchen erheblich verringern.

Düngung

Eine »harmonisch« ernährte Pflanze ist gegen Schwächeparasiten weitgehend unempfindlich.
Gefährlich dagegen sind *einseitige Nährstoffangebote*, insbesondere mit Stickstoff. Im Getreidebau erhöhen sie die Lagergefahr und fördern Pilzkrankheiten und Blattläuse, im Kartoffelbau die stärkere Virusausbreitung.

Ein *Mangel an bestimmten Nährstoffen* kann aber auch direkt zu Erkrankungen der Pflanzen führen.
Beispiele sind die Herz- und Trockenfäule bei Rüben (Bormangel) und die Dörrfleckenkrankheit des Hafers (Manganmangel).

Fruchtfolge

Die Fruchtfolge hat eine wichtige Funktion im Integrierten Pflanzenschutz. Je einseitiger eine Fruchtfolge ist, desto größer ist auf vielen Standorten die Gefahr der Anhäufung bodengebundener und wirtsspezifischer Krankheiten und Schädlinge. **Beispiele** hierfür sind die Fußkrankheiten des Getreides sowie Kartoffel-, Rüben- und Getreidenematoden.

Saatzeit und Saattechnik

Auch durch die Saatzeit und die Saattechnik kann einem Krankheits- und Schädlingsbefall vorgebeugt werden. Die traditionelle *Saatregel,* im Herbst »späte«, im Frühjahr »zeitige« Saat des Getreides, hat auch heute noch Bedeutung.

Spätere Aussaat von Wintergerste und Winterweizen im Herbst mindern Schäden durch Fritfliege, Gelbverzwergungsvirus, Halmbruchkrankheit, Zwergsteinbrand und Typhulafäule. Zeitige Saat im Frühjahr schützt das Getreide vor Fritfliegenbefall.

Auch *Saatstärke, Saattiefe* und *Standweite* sind Faktoren, die das Auftreten von Schadorganismen beeinflussen. So begünstigen hohe Bestandesdichten viele Krankheitserreger, während lückige Bestände die Verunkrautung fördern und bestimmte Schädlinge anlocken (Blattläuse, Brachfliege).

5.4 Direkte Bekämpfungsverfahren

Mechanische Verfahren

Mechanische Verfahren haben sowohl die direkte Bekämpfung des Schaderregers als auch seine Fernhaltung von der Kulturpflanze zum Ziel.

Zur *mechanischen Unkrautbekämpfung* bewähren sich folgende Maßnahmen: Häufeln und Striegeln im Kartoffelbau, die Maschinenhacke im Zuckerrübenbau, jeweils ergänzt durch die Handhacke; sie zählen auch heute noch zu den Standardmaßnahmen. Im Mais gewinnen Roll- und Scharhackgeräte gegen resistente Unkräuter und zur Bodenpflege an Bedeutung.

Das Jäten (Ausreißen von Hand) spielt bei der Flughaferbekämpfung im

Anfangsstadium der Einschleppung auch heute noch eine Rolle. Auch die mechanische Queckenbekämpfung nach der Getreideernte mit Grubber und schwerer Zinkenegge bei trockener Witterung ist vielfach eine sehr wirksame und kostengünstige Bekämpfungsmethode.

Zu den *mechanischen Bekämpfungsverfahren* zählen auch das tiefe Unterpflügen befallenen Pflanzenmaterials (z. B. mit Maiszünsler befallene Maisstengel bzw. Maisstoppeln) oder das Entfernen kranker Pflanzenteile (Obstbaumschnitt).

Der altbewährte *Fallenfang* ist auch heute noch unentbehrlich bei der Abwehr von Nagetieren (Wühlmäuse, Bisam).

Biologische Verfahren

Zum **biologischen Pflanzenschutz** im weitesten Sinne gehören alle Maßnahmen, die auf die Schonung der Lebensgemeinschaft unserer Kulturlandschaft ausgerichtet sind, um die dort vorhandenen natürlichen Gegenspieler von Schadorganismen nutzbar zu machen. Beim biologischen Pflanzenschutz im engeren Sinne strebt man aktiv die praktische Anwendung dessen an, was sich in der Natur fortwährend selbständig abspielt.

▶ *Massenzucht* räuberisch oder parasitisch lebender Insekten: Sie werden gezielt zur Abwehr eines Schädlings eingesetzt oder es werden nicht einheimische Nützlinge eingebürgert. Praxisreif ist der Einsatz von *Trichogramma*-Eiparasiten gegen Maiszünsler. Weitere **Beispiele** sind der Einsatz der Erzwespe gegen die »Weiße Fliege« und des Spinnmilbenräubers *Phythoseiulus* gegen die »Rote Spinne« in Unterglaskulturen im Gartenbau.

▶ Anwendung von *Krankheitserregern:* Als **Beispiel** dafür ist der Einsatz von Viren, Bakterien, Pilzen gegen Schädlinge in Form von Bio-Präparaten wie *Bazillus thuringiensis* zu nennen, die spezifische Wirkung gegen Raupen einiger Schmetterlingsarten (Kohlweißling, Maiszünsler und andere Schmetterlingsraupen) aufweisen.

Diese Präparate lassen sich ähnlich wie chemische Präparate in wäßriger Lösung im Spritzverfahren ausbringen. Ihr Vorteil liegt in der selektiven Wirkung, d. h., es werden nur Raupen einiger Schadschmetterlingsarten abgetötet, während andere Insekten und Bienen verschont bleiben.

▶ *Selbstvernichtungsmethode:* Sie wirkt durch das Freilassen in Massenzuchten chemisch oder radioaktiv unfruchtbar gemachter Schädlinge (sterile-male-Technik). Sie führt nur bei großem Übergewicht der sterilen Männchen und in abgeschlossenen, isolierten Anbaulagen zum Erfolg.

Tabelle 7: **Wichtige Verfahren des biologischen Pflanzenschutzes**

1. **Biologische Verfahren im engeren Sinne**
   - Nutzarthropoden als Räuber und Parasiten
   - Mikroorganismen und Viren als Krankheitserreger
   - Selbstvernichtungsverfahren

2. **Biotechnische Verfahren im weiteren Sinne**
   - chemische Einflüsse (Pheromone/Signalstoffe)
   - physikalische Einflüsse
   - Wachstums- und Entwicklungsregulatoren
   - mikrobiell produzierte Substanzen, »genetic engineering«

3. **Erhöhung der Widerstandsfähigkeit der Wirtspflanze**
   - Resistenzzüchtung
   - Präimmunisierung
   - Resistenzinduktion mit Kulturfiltraten von Bakterien und Pilzen

4. **Nutzung abwehraktiver Pflanzeninhaltsstoffe**

Biotechnische Bekämpfungsverfahren

Die **biotechnischen Bekämpfungsverfahren** nutzen die natürlichen Reaktionen der Schädlinge auf bestimmte physikalische oder chemische Reize aus. Hierzu gehört die Anwendung von *Lockstoffen* (z. B. von Pheromonen = Sexual-Lockstoffen), von *Abschreckstoffen* (= Repellents, z. B. Mesurol-Inkrustierung des Maises gegen Fasanenfraß) und von *Hemmstoffen,* die die Entwicklung der Insekten stören oder hemmen.
Als erstes derartiges Mittel wurde Dimilin 25 WP gegen einige beißende Insekten in Obst- und Ziergehölzen sowie zur Stallfliegenbekämpfung zugelassen. Der Wirkstoff muß das Eistadium treffen oder von der Larve beim Fraß aufgenommen werden. Er verhindert den Schlupf der Junglarve aus der Eihülle bzw. die Häutung von einem Larvenstadium zum anderen.
Die **Problematik** biologischer Bekämpfungsverfahren liegt darin, daß die Zeit eine entscheidende Rolle spielt. So benötigt der »Räuber« nach seinem Aussetzen eine gewisse »Jagdzeit«, bevor er eine Schädlingspopulation im gewünschten Ausmaß verringert hat. Auch die Krankheitserreger erreichen erst nach einigen Tagen ihre schädigende Wirkung.
Die meist spezifische Wirkung biologischer Verfahren kann in der Praxis Schwierigkeiten bereiten, wenn in einer Kultur eine Vielzahl von Krankheiten und Schädlingsarten bekämpft werden muß. Können gegen einige davon nur chemische Präparate eingesetzt werden, so kann deren Breitenwirkung die biologische Bekämpfung zunichte machen.

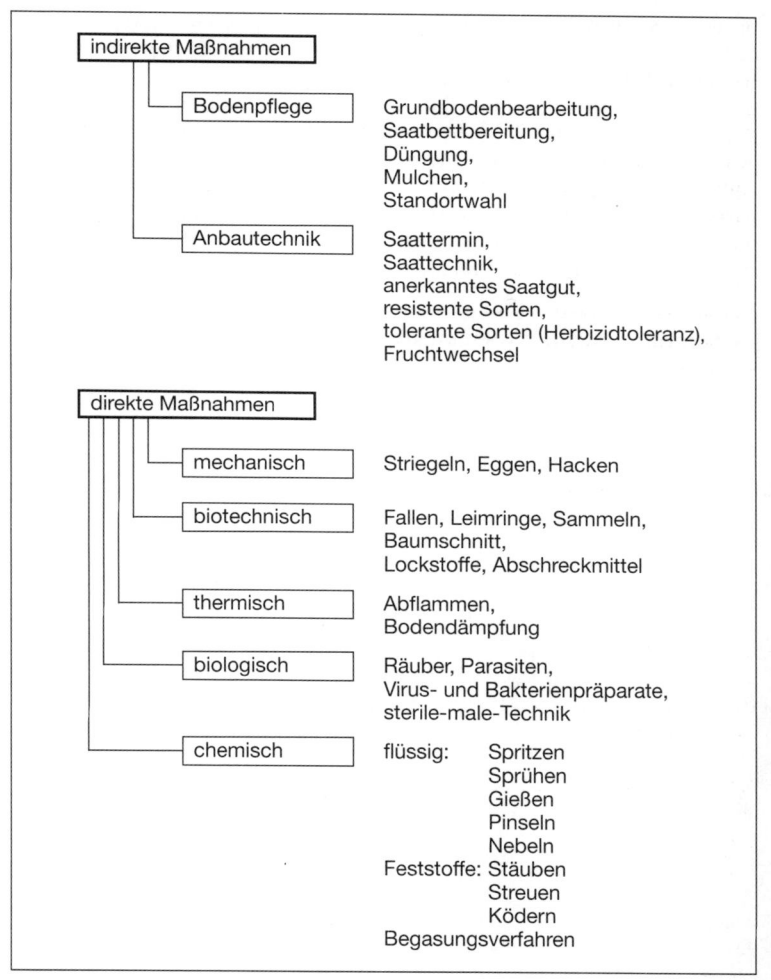

```
indirekte Maßnahmen
   ├── Bodenpflege        Grundbodenbearbeitung,
   │                      Saatbettbereitung,
   │                      Düngung,
   │                      Mulchen,
   │                      Standortwahl
   └── Anbautechnik       Saattermin,
                          Saattechnik,
                          anerkanntes Saatgut,
                          resistente Sorten,
                          tolerante Sorten (Herbizidtoleranz),
                          Fruchtwechsel

direkte Maßnahmen
   ├── mechanisch         Striegeln, Eggen, Hacken
   ├── biotechnisch       Fallen, Leimringe, Sammeln,
   │                      Baumschnitt,
   │                      Lockstoffe, Abschreckmittel
   ├── thermisch          Abflammen,
   │                      Bodendämpfung
   ├── biologisch         Räuber, Parasiten,
   │                      Virus- und Bakterienpräparate,
   │                      sterile-male-Technik
   └── chemisch           flüssig:    Spritzen
                                      Sprühen
                                      Gießen
                                      Pinseln
                                      Nebeln
                          Feststoffe: Stäuben
                                      Streuen
                                      Ködern
                          Begasungsverfahren
```

Abb. 14 Übersicht über mögliche Pflanzenschutzmaßnahmen.

Chemische Verfahren

Die **chemischen Bekämpfungsverfahren** nehmen heute eine zentrale Stellung im gesamten Pflanzenschutz ein. Dies ist im wesentlichen darauf zurückzuführen, daß chemische Mittel schnell und durchschlagend wirksam sind, dabei relativ billig und rationell angewendet und vor allem un-

ter geringstem Arbeitsaufwand eingesetzt werden können. Mittelsparende Anwendungsverfahren (z. B. Bandspritzung im Zuckerrübenanbau) sollten stets bevorzugt werden.
Sowohl die Vorteile als auch die Grenzen und Gefahren bei der Anwendung von chemischen Pflanzenschutzmitteln müssen gegeneinander abgewogen werden. Die sinnvolle Kombination mit anderen Maßnahmen zum Vermindern der Schadenswahrscheinlichkeit und die Beachtung der wirtschaftlichen Schadensschwelle sind Voraussetzung für die sachgerechte Einordnung chemischer Mittel in ein modernes Pflanzenschutzsystem, das als Integrierter Pflanzenschutz bezeichnet wird.

Überprüfen Sie Ihr Wissen mit den Fragen 501–534.

6 Anwenderschutz beim Umgang mit Pflanzenschutzmitteln

6.1 Einkauf von Pflanzenschutzmitteln

- ▶ **Keine übertriebene Vorratshaltung:**
  - Die Präparate behalten ihre Eigenschaften nicht auf Dauer bei.
  - Unfallrisiken im Betrieb steigen, je mehr Mittel und je ältere Packungen vorhanden sind.
  - Unter Umständen tritt das Risiko eines zwischenzeitlich eingetretenen *Anwendungsverbotes* auf (z. B. Atrazin-Präparate).
- ▶ **Nur zugelassene Pflanzenschutzmittel kaufen:** Nur dann besteht die Gewähr, daß die Präparate hinsichtlich ihrer Anwendergefährdung richtig gekennzeichnet sind. Bei illegal eingeführten Mitteln kann das nicht der Fall sein.
  Die Einfuhr in Deutschland nicht zugelassener Mittel aus dem Ausland – auch die Mitnahme über die Grenze im Privat-Pkw – ist deshalb verboten.
  Soweit wie möglich Präparate bevorzugen, die mindergiftig, selektiv, nützlingsschonend und bienenungefährlich sind, sowie Präparate ohne besondere Auflagen (z. B. Wasserschutzgebiets-Auflagen).
- ▶ **Nur unbeschädigte Originalpackungen kaufen:** Zum Einkauf von als giftig eingestuften Pflanzenschutzmitteln nur Personen über 18 Jahre schicken, von denen Einsicht und Verständnis für die mit Pflanzenschutzmitteln verbundenen Risiken erwartet werden können.
- ▶ **Keine Selbstbedienung beim Kauf von Pflanzenschutzmitteln:** Pflanzenschutzmittel dürfen nicht durch Automaten oder durch andere Formen der Selbstbedienung in den Verkehr gebracht werden. Bei der Abgabe im Einzel- oder Versandhandel hat der Verkäufer den Erwerber über die Anwendung des Pflanzenschutzmittels, insbesondere über Verbote und Beschränkungen, zu unterrichten.

6.2 Aufbewahrung von Pflanzenschutzmitteln

- ▶ Pflanzenschutzmittel grundsätzlich nur in Originalpackungen aufbewahren. *Nie umfüllen,* sonst besteht Verwechslungs- und Vergiftungsgefahr.
- ▶ Packungen und Flaschen stets gut verschließen, dadurch kein Verschütten, kein Austreten giftiger Dämpfe.

- Alle Präparate unter sicherem Verschluß halten, am besten in einem abschließbaren Raum oder Schrank (Giftschrank).
- Kinder, Kunden und sonstige Nichtkundige von Pflanzenschutzmitteln fernhalten. Pflanzenschutzmittel und angesetzte Spritzbrühen nicht unbeaufsichtigt irgendwo im Betrieb stehen lassen, so daß Unkundige, die die Gefahren nicht einzuschätzen vermögen, an die Mittel gelangen können.
- Präparate stets frostfrei, kühl, dunkel und trocken lagern. Präparate niemals längere Zeit in einem in der Sonne stehenden Auto belassen. Abgesehen von eventuell bestehender Entzündungsgefahr können sich verdampfende Mittel dort sehr nachteilig auf die Autoinsassen auswirken (Kopfschmerzen, Übelkeit, Verminderung des Reaktionsvermögens).
- Pflanzenschutzmittel niemals zusammen mit Nahrungs- oder Futtermitteln lagern. Verwechslungsgefahr, Geschmacksbeeinträchtigung.

6.3 Transport von Pflanzenschutzmitteln

- Behälter dürfen nicht lecken.
- Verschlüsse müssen fest sitzen.
- Packungen müssen dicht sein.
- Gebrauchsanleitungen müssen lesbar bleiben.
- Angebrochene Behälter nicht in der Traktorkabine oder im Fahrgastraum des Pkw transportieren.
- Pflanzenschutzmittel möglichst nicht gemeinsam mit Lebens- und Futtermitteln transportieren.
- Aufgefüllte Spritzgeräte vor dem Transport überprüfen, ob irgendwo durch undichte Stellen Spritzbrühe austritt.
- Granulatstreuer erst unmittelbar vor Arbeitsbeginn auf dem Feld befüllen.

6.4 Ansetzen von Pflanzenschutzmitteln

- Pflanzenschutzmittel möglichst nur im Freien ansetzen, nie in Wohnräumen, Stallungen oder Lagerräumen für Lebens- und Futtermittel.
- Pflanzenschutzmittel nur mit für Pflanzenschutzmittel undurchlässigen Schutzhandschuhen ansetzen.
- Pulverförmige Pflanzenschutzmittel nur im Freien besonders vorsichtig ansetzen und Staubentwicklung vermeiden.
- Bei gas- und staubförmigen Präparaten unbedingt Atemschutzmasken tragen.

- ▶ Schon beim Ansetzen Schutzkleidung – zumindest abwaschbare Schürze – tragen.
- ▶ Zum Ansetzen von Pflanzenschutzmitteln nur gekennzeichnete Spezialgefäße – niemals Haushalts- oder Stallgeschirr – verwenden. Sofort nach Gebrauch gründlich reinigen. Waschwasser ins Spritzfaß geben.

> *Merke: Beim Ansetzen nicht rauchen, essen oder trinken!*

6.5 Schutzkleidung für Anwender

Unabhängig von der Einstufung eines Pflanzenschutzmittels sollte mit Rücksicht auf die eigene Gesundheit stets eine geeignete, vollständige Schutzkleidung getragen werden.
- ▶ **Schutzanzug:** Ein geeigneter Schutzanzug muß folgende Anforderungen erfüllen:
  - Atmungsaktiv, d. h. er verhindert unnötiges und belastendes Schwitzen,
  - dicht gegen feste und flüssige Partikel (auch beim Übergang in die Gasphase),
  - benzin-, öl-, laugen- sowie säurebeständig,
  - in hohem Maße reiß- und scheuerfest,
  - pflegeleicht, abwisch- und abspritzbar,
  - waschmaschinenfest,
  - leicht und elastisch.

Als **Beispiel** für einen derartigen Anzug kann der Schutzanzug Racal angesehen werden.

Leichte »Wegwerfanzüge« sind nur bedingt geeignet. Als relativ gut haben sich sog. »Blaumänner« (blaue Baumwollanzüge) erwiesen.
- ▶ **Fußbekleidung:** Am besten geeignet sind dichte, unbeschädigte Gummistiefel.
- ▶ **Kopfbedeckung:** Neben den an Schutzanzügen vorhandenen Kapuzen empfiehlt sich insbesondere ein breitkrempiger Hut in Form eines Südwesters.
- ▶ **Schutzhandschuhe:** Am besten geeignet sind Spezialhandschuhe von mindestens 30 cm Armlänge, die dicht, abriebfest und beständig gegen aggressive Stoffe und für Pflanzenschutzmittel undurchlässig sind.
- ▶ **Schutzbrille:** Diese sollte auswechselbare, beschlagfreie Kunststoffscheiben besitzen, mit indirekter Belüftung ausgestattet und auch für Brillenträger verwendbar sein.
- ▶ **Atemschutzmaske:** Es gibt Halb- und Vollmasken. In geschlossenen Räumen ist die Benutzung von Vollmasken zwingend vorgeschrieben.

Für den Einsatz im Pflanzenschutz müssen die zugehörigen Maskenfilter bestimmte Merkmale aufweisen: Sie müssen einerseits wirksam sein gegen organische Dämpfe und Lösungsmittel, andererseits aber auch Schwebeteilchen und feste Partikel festhalten können.

Verschlucken
infolge Verwechslung
nach Umfüllen aus
Originalgebinden

Einatmen
von Spritznebeln
Staub beim Ansetzen
bei Trockenbeizen

deshalb
kein Umfüllen aus
Originalgebinden

Kopfschutz
Augenschutz
Mundschutz
(Halb- oder Vollmaske)

Schutzanzug
(mindestens
Gummischürze)

Handschuhe

Hautkontakt
beim Öffnen der Packung
beim Ansetzen der Brühe
beim Einfüllen
bei der Ausbringung
bei der Restebeseitigung

Gummistiefel

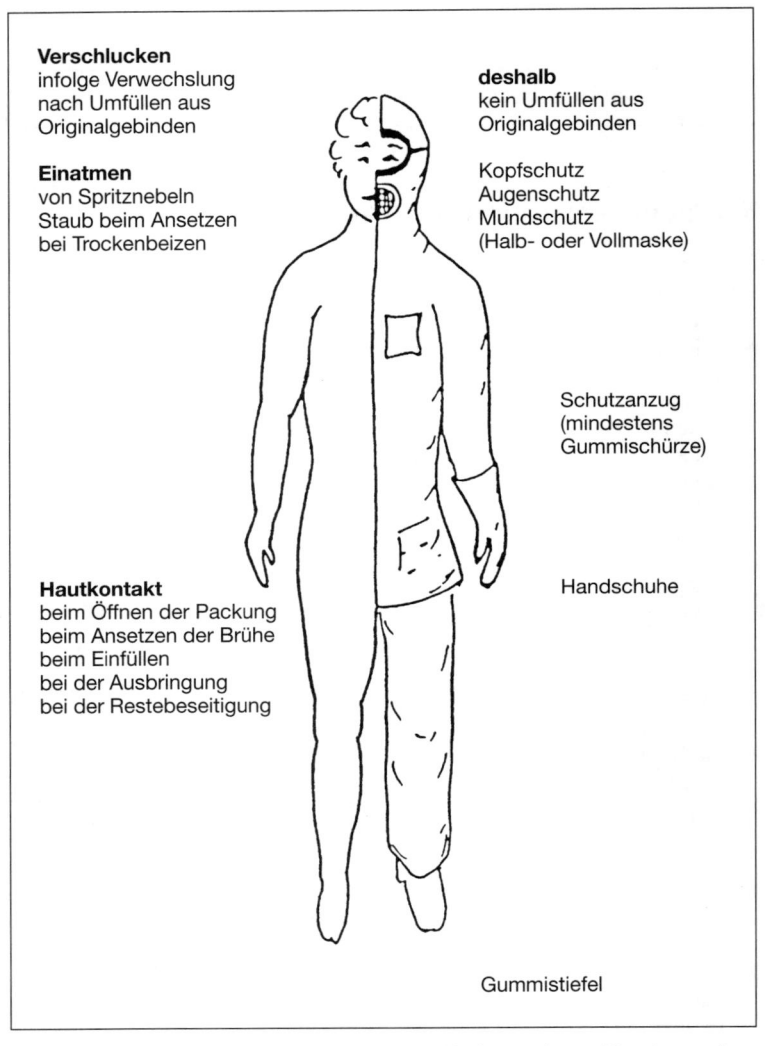

Abb. 15 Gefahren durch Pflanzenschutzmittel bei unsachgemäßer Anwendung und Vorbeugemaßnahmen.

> **Beachte:** *Filter in Originalverpackung sind etwa 5 Jahre haltbar. Filter in offenen Packungen sind auch bei Nichtbenutzung meist nur 6 Monate haltbar. Die maximale Benutzungsdauer beträgt 12–15 Stunden.*

6.6 Verhalten bei Unfällen mit Pflanzenschutzmitteln

Bei Spritzern konzentrierter Mittel auf die Haut oder in die Augen sofort mit viel sauberem Wasser ab- und ausspülen.
Bei **Verdacht auf Vergiftungen** (Symptome: Schweißausbruch, Schwindel, Übelkeit, Kopfschmerzen):
▶ Sofort Arbeit beenden,
▶ sofort durchnäßte Kleidung wechseln,
▶ absolute Ruhe und Stillagerung,
– bei Übelkeit oder Verschlucken von Pflanzenschutzmitteln Erbrechen verursachen,
– Patienten in stabile Seitenlage bringen,
– sofort Arzt verständigen,
– Packung oder Gebrauchsanleitung des verwendeten Präparates dem Arzt vorlegen.

> *In Zweifelsfällen Nachfrage bei den Informations- und Behandlungszentren für Vergiftungsfälle in Deutschland (Verzeichnis siehe Seite 118). Bei Vergiftungsverdacht niemals fetthaltige Flüssigkeiten wie Milch und auch keinen Alkohol verabreichen!*

Überprüfen Sie Ihr Wissen mit den Fragen 601–614.

7 Verbraucherschutz

Der Erzeuger pflanzlicher Nahrungsmittel ist verpflichtet, nur Ware in den Verkehr zu bringen, die die Gesundheit des Verbrauchers in keiner Weise beeinträchtigt. Wichtigste Voraussetzung für die gesundheitliche Unbedenklichkeit ist auf pflanzenschutzlichem Gebiet die strikte Einhaltung aller den Verbraucherschutz betreffenden Vorschriften. Dies sind insbesondere
▶ die Rückstands-Höchstmengenverordnung (Einhaltung von Aufwandmengen und Wartezeiten)
▶ die Pflanzenschutz-Anwendungsverordnung (Anwendungsverbote und -beschränkungen).

7.1 Höchstmengenfestsetzung

Unter »Höchstmengen« versteht man die Spuren von Rückständen eines Pflanzenschutzmittels – gemessen in Milligramm Mittelrückstand pro Kilogramm Ware –, die zum Zeitpunkt des In-den-Verkehr-Bringens noch maximal auf oder in der Ware vorhanden sein dürfen.
Der Zeitpunkt des In-den-Verkehr-Bringens ist in der Regel der Erntezeitpunkt und beinhaltet jegliche Verwendung oder Weitergabe wie Verkauf, Verschenken, Selbstverbrauch oder Verfütterung.
Bei der Festlegung der Höchstmenge an Rückstand eines Pflanzenschutzmittels in oder auf einem Nahrungsmittel wird zunächst im **Tierversuch** in Serientests mit abnehmender Wirkstoffkonzentration festgestellt, bei welcher Menge Wirkstoff die *empfindlichsten* Tiere *keinerlei Schäden* mehr zeigen, vor allem in carzinogener (krebserzeugender), mutagener (erbgutverändernder) oder teratogener (gewebeverändernder) Hinsicht.
Da aber **Menschen** unter Umständen anders reagieren als Versuchstiere und auch mehrere Wirkstoffe auf einem Nahrungsmittel zusammenkommen können, setzt man zur Sicherung des Menschen die bei Tieren unschädliche Rückstandsmenge *auf ein Hundertstel herab* und erhält damit die *duldbare Tagesdosis*.
Nimmt man weltweit gesehen das durchschnittliche Körpergewicht eines Menschen mit 60 kg an und unterstellt, daß von einem Nahrungsmittel nicht mehr als 400 g/Tag verzehrt wird, so kann mit diesen Werten errechnet werden, welche Rückstände in Milligramm pro Kilogramm

(mg/kg) Nahrungsmittel (ppm) maximal vorhanden sein dürfen, ohne daß bei Verzehr auch über längere Zeit hinweg gesundheitliche Beeinträchtigungen zu erwarten sind.

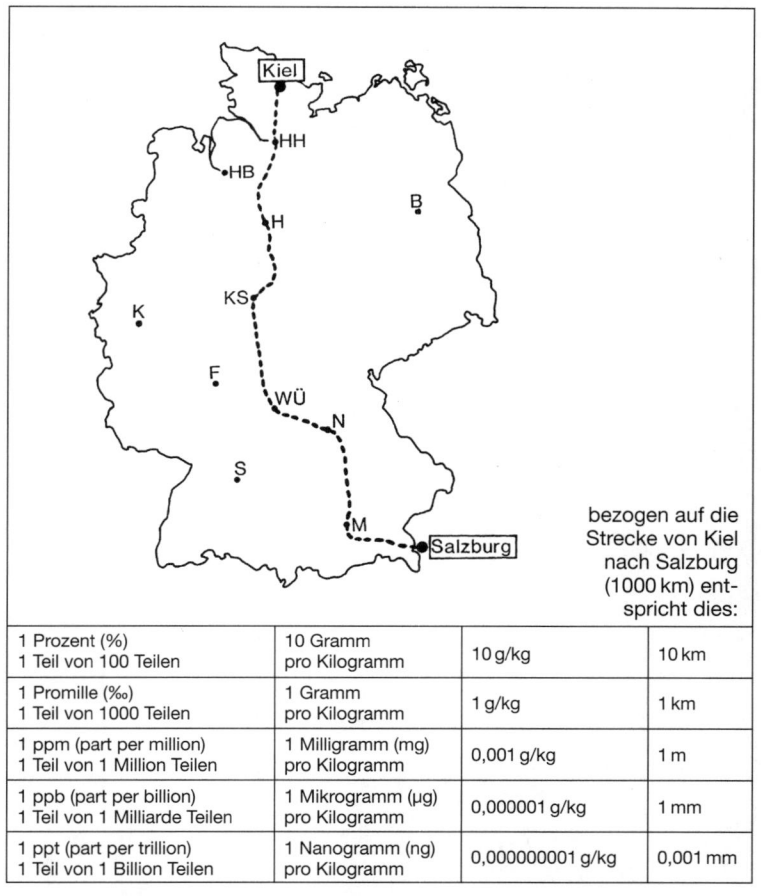

		bezogen auf die Strecke von Kiel nach Salzburg (1000 km) entspricht dies:	
1 Prozent (%) 1 Teil von 100 Teilen	10 Gramm pro Kilogramm	10 g/kg	10 km
1 Promille (‰) 1 Teil von 1000 Teilen	1 Gramm pro Kilogramm	1 g/kg	1 km
1 ppm (part per million) 1 Teil von 1 Million Teilen	1 Milligramm (mg) pro Kilogramm	0,001 g/kg	1 m
1 ppb (part per billion) 1 Teil von 1 Milliarde Teilen	1 Mikrogramm (µg) pro Kilogramm	0,000001 g/kg	1 mm
1 ppt (part per trillion) 1 Teil von 1 Billion Teilen	1 Nanogramm (ng) pro Kilogramm	0,000000001 g/kg	0,001 mm

Abb. 16 Maßeinheiten (Schema und Beispiele).

Diese Berechnung stützt sich allein auf Fütterungsversuche unter Einschluß hoher Sicherheitsspannen. Wird ein Pflanzenschutzmittel nach guter fachlicher Praxis angewendet, dann werden in den meisten Fällen die errechneten Werte noch deutlich unterschritten.

1. Tierversuche im Labor

- 2000 ppm • Kurzzeitfütterungsversuche (3 Monate)
- Langzeitfütterungsversuche (2 Jahre)
- 1000 — unwirksame Dosis beim empfindlichsten Versuchstier
- Sicherheitsfaktor 100
- 10 — höchste duldbare Tagesdosis für den Menschen

Rückstandsmenge / Zeit

2. Kulturversuche im Freiland
(entsprechend guter landwirtschaftlicher Praxis)

- 10 ppm • Rückstand auf der Pflanze
- ← Verflüchtigung
- ← UV-Strahlung
- ← Wärme
- ← Wasser
- ← Pflanze
- ← Bodenorganismen
- 1 — Wartezeit

Rückstandsmenge / Zeit

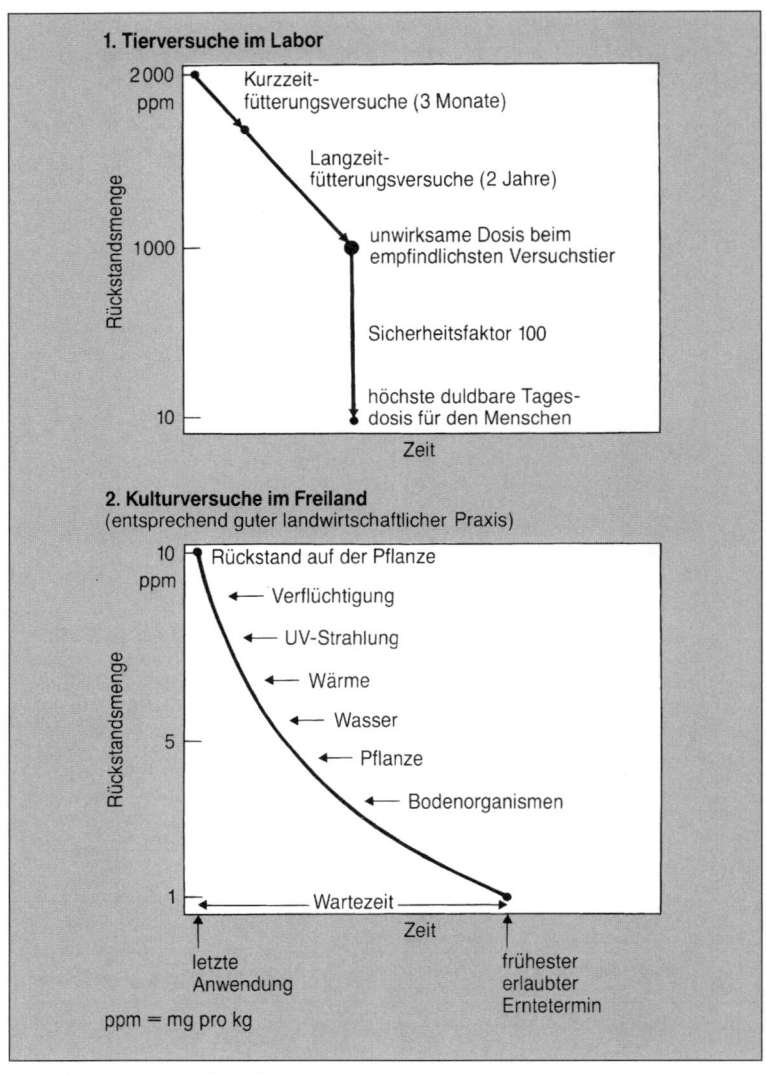

letzte Anwendung — frühester erlaubter Erntetermin

ppm = mg pro kg

Abb. 17 Ermittlung der Rückstands-Höchstmengen von Pflanzenschutzmitteln in der Nahrung (Schema).

Wenn ein Pflanzenschutzmittel zur Bekämpfung eines Schadorganismus ausgebracht wird, dann bleibt es dort nicht unverändert liegen. Alle heute zugelassenen Präparate unterliegen einem Abbauprozeß, der vor allem durch ultraviolette Bestandteile des Lichtes, Verflüchtigung, Wärme, Wasser und Mikroorganismen gesteuert wird. Die ursprüngliche Konzentration des Mittels nimmt dadurch laufend ab – das Präparat wird »abgebaut«.

Bei der Bekämpfung der allermeisten Schadorganismen muß die Bekämpfung nicht bis unmittelbar vor dem Erntezeitpunkt fortgesetzt werden. Bei guter fachlicher Praxis genügt es, die Bekämpfungsmaßnahmen deutlich früher zu beenden. Es kann also zwischen der letzten Mittelanwendung und dem Erntezeitpunkt eine *Wartezeit* eingeschoben werden.

Wenn nun die Rückstandsversuche unter Einhaltung guter fachlicher Praxis, d. h. bei
– Einhalten der Aufwandmengen,
– Einhalten der Wartezeit
ergeben, daß zum Erntezeitpunkt niedrigere Rückstandswerte möglich sind, als bei den Fütterungsversuchen errechnet wurden, dann setzt der Gesetzgeber automatisch die niedrigeren Werte als *gesetzliche Höchstmengen* an.

Beispiele für Höchstmengen von Pflanzenschutzmitteln auf oder in pflanzlichen Erzeugnissen (Stand: Dritte Verordnung zur Änderung der Rückstands-Höchstmengenverordnung vom 26. September 1997)

Permethrin (Ambush)
- 10,00 ppm Rohkleie
- 2,00 ppm Getreide außer Mais
- 1,00 ppm Blattkohl, Erdbeeren, Kernobst
- 0,50 ppm Bohnen mit Hülsen (frisch), Porree
- 0,10 ppm Blumenkohl, übriges Fruchtgemüse
- 0,05 ppm andere pflanzliche Lebensmittel

Triforin (Saprol neu)
- 30,00 ppm Hopfen
- 2,00 ppm Johannisbeeren, Kernobst, Kirschen, Stachelbeeren
- 1,50 ppm Erdbeeren, Pflaumen, Trauben
- 0,50 ppm Tomaten
- 0,10 ppm Gerste, Hafer, Roggen, Triticale, Weizen

7.2 Wartezeiten

Die Bestimmungen über **Wartezeiten** schreiben jenen Zeitraum in Tagen vor, der zwischen der letzten Behandlung einer Kultur mit einem bestimmten Präparat bis zur Ernte bzw. frühestmöglicher Nutzung des behandelten Produkts mindestens vergehen muß.

Beispiele für Wartezeiten bei Pflanzenschutzmitteln
(Quelle: Pflanzenschutzmittelverzeichnis der BBA, 1998)
Die Wartezeiten sind Bestandteil der Gebrauchsanleitung. Sie werden meist in Tagen ausgedrückt.
Der Buchstabe F anstelle einer Angabe von Tagen bedeutet, daß die Wartezeit durch die Vegetationszeit abgedeckt ist, die zwischen vorgesehener Anwendung und normaler Ernte verbleibt. Der Buchstabe N bedeutet, daß die Festlegung einer Wartezeit ohne Bedeutung ist.

Alle *Beizmittel:* F
Fungizide

Propineb (Antracol WG)	Kartoffeln, Tomaten	7 Tage
	Stein- und Kernobst	28 Tage
	Hopfen	35 Tage

Insektizide

Deltamethrin (Decis fl.)	Steinobst	14 Tage
	Kartoffeln, Blumenkohl	7 Tage
	Mais	28 Tage
	Getreide	28 Tage
	Raps	56 Tage

Herbizide
Bei der überwiegenden Mehrzahl aller Herbizide ist als Wartezeit F angegeben, d. h., daß bei vorgesehener ordnungsgemäßer Anwendung die Wartezeiten auf jeden Fall innerhalb der Vegetationszeit der behandelten Kultur eingehalten werden können.
Bei der Anwendung von Herbiziden in Futterpflanzen bzw. im Grünland ist mindestens eine Wartezeit von 28 Tagen bei Gras- und Heunutzung einzuhalten. Bei Mais bestehen Wartezeiten von 60 bzw. 90 Tagen.

Die für die verschiedenen Pflanzenschutzmittel festgesetzten Wartezeiten können sehr unterschiedlich ausfallen. Dies beruht auf folgenden Tatsachen:
▶ Ein bestimmter Wirkstoff kann auf und in verschiedenen Kulturpflanzen in unterschiedlicher Geschwindigkeit abgebaut werden.

- Die verschiedenen Wirkstoffe werden unterschiedlich schnell abgebaut.
- Die letzte sinnvolle Behandlung muß in sehr unterschiedlich großem Abstand vor der Ernte ausgebracht werden (Fungizide wenige Tage, Herbizide viele Wochen vor der Ernte).

Die Einhaltung der Wartezeiten gewährleistet, daß zum Nutzungszeitpunkt des Produkts keine höheren Rückstände des Wirkstoffs vorhanden sind, als dies die Vorschriften über Höchstmengen erlauben.

Ferner ist zu beachten:

- **Wartezeit und Abtrift:** Gelangt ein Wirkstoff durch Abtrift auf eine Nachbarkultur, die vor Ablauf der für diese Kultur gültigen Wartezeit geerntet werden könnte, ist der Verursacher verpflichtet, den Betroffenen von der Abtrift zu verständigen und die notwendigen Informationen zu geben.
- **Wartezeit und Umbruch:** Bei vorzeitigem Umbruch einer mit bestimmten Präparaten (z. B. Bodenherbiziden) behandelten Kultur ist vor dem Nachbau einer anderen, unter Umständen empfindlicheren Kultur die Einhaltung einer Wartezeit empfehlenswert. Diese kann aber nicht vorgeschrieben werden, sondern beruht auf Erfahrung. Auskünfte hierüber erteilen die Herstellerfirmen der Pflanzenschutzmittel oder die amtliche Beratung.

Tabelle 8: Giftigkeit von Chemikalien (in absteigender Reihenfolge)

LD 50[1]) mg/kg Körpergew.	Pflanzenschutzmittel	Haushaltsmittel	Nahrungs- und Genußmittel
5–50	Parathion (E 605 forte) Tamaron	Metallreinigungsmittel, Wunddesinfektionsmittel	Nikotin
50–500	2,4-D, Dimethoat	Fleckenentferner, Parfüms	Allylsenföl
500–5000	CMPP Cycocel, Pyramin	Schaumbäder, Shampoos, Nagellacke	Cumarin, Menthol, Vanillin
5000–15 000	Roundup, Simazin	Lippenstifte, Farbstifte	Kochsalz

[1]) LD = Letale Dosis.

7.3 Anwendungsverbote und -beschränkungen

Um die Anwendung besonders gesundheitsgefährdender oder umweltbelastender Wirkstoffe völlig zu verhindern oder auf ein Mindestmaß herabzusetzen, wurde die **Pflanzenschutz-Anwendungsverordnung** erlassen.
Diese ist in drei Teile gegliedert und enthält für bestimmte Stoffe
- vollständige Anwendungsverbote,
- eingeschränkte Anwendungsverbote und
- Anwendungsbeschränkungen.

▶ **Vollständige Anwendungsverbote:** In dieser Liste sind Stoffe aufgeführt, deren Verwendung wegen ihrer sehr hohen Giftigkeit oder ihrer langen Verweildauer in der Umwelt heute nicht mehr als vertretbar angesehen wird. Diese Präparate dürfen im Inland als Pflanzenschutzmittel weder vertrieben noch angewendet werden.
Beispiele: Aldrin, Atrazin, Captafol, Endrin, Quecksilber, 2,4,5-T.

▶ **Eingeschränkte Anwendungsverbote:** In dieser Liste aufgeführte Wirkstoffe dürfen nur für ganz bestimmte Anwendungsgebiete verwendet werden und unterliegen z. T. der Zustimmung der zuständigen Behörde.

Beispiele: Aldicarb (Temik): Die Anwendung ist nur zulässig zur Bodenbehandlung im Zierpflanzen- und Zuckerrübenanbau, in Baumschulen, Rebschulen und Erdbeervermehrungsanlagen, bei denen im Behandlungsjahr die anfallende Beerenernte nicht verwendet werden darf.

▶ **Anwendungsbeschränkungen:** Bei den in dieser Liste, Abschnitt A, aufgeführten Wirkstoffen sind die in der Gebrauchsanleitung festgelegten Anwendungseinschränkungen einzuhalten.

Beispiele: Parathion (E 605): Die Anwendung im Getreidebau mit einer Aufwandmenge von mehr als 250 g Wirkstoff je ha und Vegetationsperiode ist verboten. Pflanzenschutzmittel, die aus einem der in dieser Liste, Abschnitt B, aufgeführten Stoffe bestehen oder einen solchen Stoff enthalten, dürfen nicht in Wasserschutzgebieten und Heilquellenschutzgebieten angewendet werden (siehe Kapitel Wasserschutz).

Merke: Verantwortungsvoller Verbraucherschutz beinhaltet
▶ *Einhalten der ausgewiesenen Aufwandmengen,*
▶ *Einhalten der vorgeschriebenen Wartezeiten,*
▶ *Beachten der Anwendungsvorschriften.*

Überprüfen Sie Ihr Wissen mit den Fragen 701–713.

8 Schutz des Naturhaushaltes

Das Pflanzenschutzgesetz stellt den Schutz des Naturhaushalts vor nachteiligen Auswirkungen des Pflanzenschutzes gleichrangig neben den Schutz der Kulturpflanze und der Gesundheit von Mensch und Tier.
Im Gesetz wird definiert:
- **Naturhaushalt:** Seine Bestandteile Boden, Wasser, Luft, Tier- und Pflanzenarten sowie das Wirkungsgefüge zwischen ihnen.
- Dem **Schutz des Naturhaushaltes** dient auch die in Paragraph 6, Absatz 2, aufgenommene Bestimmung:
»Pflanzenschutzmittel dürfen auf *Freilandflächen* nur angewandt werden, soweit diese landwirtschaftlich, forstwirtschaftlich oder gärtnerisch genutzt werden. Sie dürfen jedoch nicht in oder unmittelbar an oberirdischen Gewässern angewandt werden.«

Unter Freilandflächen versteht das Gesetz die nicht durch Gebäude oder Überdachungen ständig abgedeckten Flächen, unabhängig von ihrer Beschaffenheit oder Nutzung; dazu gehören auch Verkehrsflächen jeglicher Art, wie Gleisanlagen, Straßen, Wege-, Hof- und Betriebsflächen sowie sonstige durch Tiefbaumaßnahmen veränderte Landflächen.
Die zuständige Behörde kann Ausnahmen genehmigen, wenn Interessen des Schutzes von Tier- und Pflanzenarten nicht entgegenstehen.
Diese Bestimmung verfolgt zwei **Ziele:**
- Beschränkung des Pflanzenschutzmittelaufwandes auf Bereiche, in denen wirtschaftliche Interessen auf dem Spiel stehen.
- Verringerung des Gesamtverbrauches an Pflanzenschutzmitteln.

8.1 Beseitigen von Restmengen

Restmengen an Pflanzenschutzmitteln entstehen durch:
- Falsche Einschätzung des tatsächlichen Bedarfes. Kauf von Großgebinden, die nicht verbraucht werden.
- Unüberlegten Kauf von unzweckmäßigen Mitteln.
- Reste von Präparaten, die von wirkungsvolleren Präparaten überholt wurden.
- Reste von Präparaten, deren Anwendung zwischenzeitlich verboten wurde (z. B. Quecksilberbeizmittel, atrazinhaltige Mittel).

Die weitere Verwendung derartiger Präparate ist nach dem Pflanzenschutzgesetz **bußgeldbewehrt**.
▶ Reste von Präparaten, die unbrauchbar wurden, weil sie sich offensichtlich verändert haben.
▶ Zuviel angesetzte Brühe wegen fehlerhafter Berechnung des tatsächlichen Bedarfes.
    Fehlerquellen: Falsch eingeschätzte Flächengröße,
                              falsch eingestelltes Gerät,
                              falsche Fahrgeschwindigkeit,
                              zuviel Wasser im Spritzfaß.
▶ Abbruch der Spritzarbeiten wegen z. B. anhaltend schlechten Wetters.

Verbotene Beseitigung von Restmengen

Niemals Pflanzenschutzmittelreste
▶ vergraben,
▶ in den Hausmüll geben, wenn giftige Präparate verwendet werden mußten,
▶ irgendwohin in die freie Natur verbringen (z. B. Wald, Kiesgruben, wilde Mülldeponien, Feldraine, Gräben, ungenützte Grundstücke),
▶ in Bäche oder Flüsse werfen (auch nicht in Bachbetten, die vorübergehend kein Wasser führen),
▶ in Abwasserleitungen schütten (diese münden letztlich alle in unsere Flüsse).

Pflanzenschutzmittel haben auf Flächen, die nicht landwirtschaftlich, gärtnerisch, forstwirtschaftlich oder in bestimmten Bereichen der öffentlichen Versorgungsunternehmen und der Industrie genutzt werden, nichts zu suchen.

Das Bestreben, auf nichtbewirtschafteten Flächen die Erhaltung der Artenvielfalt bei Tieren und Pflanzen zu unterstützen sowie den unbedingt notwendigen Gewässerschutz zu sichern, läßt eine Beseitigung von Pflanzenschutzmittelresten in oben angeführter Weise ausnahmslos nicht zu.

Richtige Restmengenbeseitigung

▶ Rechtliche Grundlage zur Beseitigung von Abfällen aller Art ist das Kreislaufwirtschafts- und Abfallgesetz vom 27. 9. 1994.
▶ Präparaterestmengen bei Sondermülldeponien abgeben. Stadtverwaltung oder Landratsamt geben Auskunft über die nächstgelegene Sondermülldeponie bzw. ob und wann spezielle Beseitigungsfahrzeuge den Sondermüll abholen (»Fliegende Sammelstellen«).
▶ Brüherestmengen auf der Behandlungsfläche ausbringen. Bleiben Brühereste im Spritzfaß, dann dürfen diese keinesfalls einfach irgendwohin abgelassen werden.

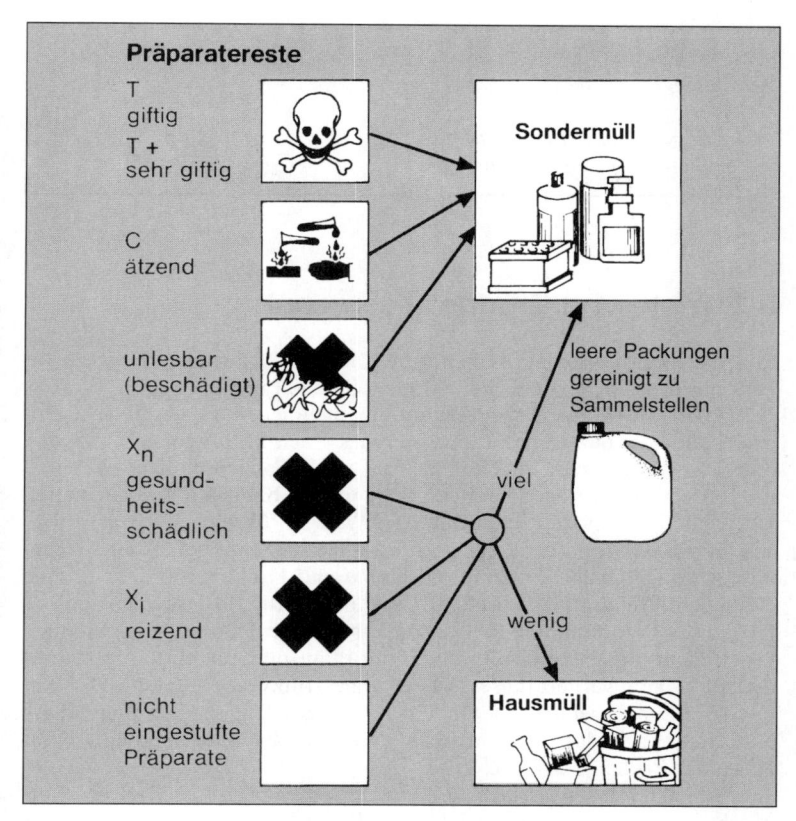

Abb. 18 Beseitigung von Pflanzenschutzmittelresten.

Beste Lösung bei Insektiziden, Fungiziden und den meisten Herbiziden: Restmenge nochmals stark mit Wasser verdünnen (in der Regel 1:10) und behandelte Fläche nochmals überfahren.
▶ Leere Packungen und Behälter gut reinigen (Waschwasser in das Spritzfaß).
▶ Bei geringen Mengen dem Hausmüll, bei größeren Mengen der Sammelstelle für leere Pflanzenschutzmittelgebinde direkt zuführen.

Merke:
Restmengen entstehen nicht bei
– überlegtem Mitteleinkauf,
– richtiger Bedarfsberechnung,
– exakter Geräteeinstellung.

8.2 Trink- und Grundwasserschutz

Wasser ist das wichtigste Lebensmittel. Es ist absolut unentbehrlich für jegliches pflanzliche, tierische und menschliche Leben.
Der Schutz des Wassers vor Verunreinigungen jeder Art hat höchste Priorität und liegt im eigenen Interesse eines jeden Mitbürgers.
Auch die unsachgemäße Handhabung von Pflanzenschutzmitteln und die Reinigung der Pflanzenschutzgeräte und -gebinde auf der befestigten Hoffläche können zur Gefährdung des Wassers führen.
In Oberflächengewässern (Bäche, Flüsse, Teiche, Seen) gefährdet die Einleitung von Pflanzenschutzmitteln Fische und Fischnährtiere, denn eine Reihe von Präparaten ist fischgiftig und/oder giftig für Fischnährtiere.
Grundwasservorkommen sind vor allem für die Trinkwassergewinnung von Bedeutung. Wenn Grundwasser mit Pflanzenschutzmitteln verunreinigt wird, dann verliert dieses Wasser seine Trinkwassereignung. Der Abbau der Pflanzenschutzmittel im Grundwasser erfolgt zudem wegen Sauerstoffmangel in der Tiefe entweder gar nicht oder bedeutend langsamer als an der Bodenoberfläche.
Aus diesen Gründen ist nach dem Wasserhaushaltsgesetz jedermann verpflichtet, bei Maßnahmen, mit denen Einwirkungen auf ein Gewässer verbunden sein können, besondere Sorgfalt walten zu lassen, um eine Verunreinigung des Wassers oder eine sonstige nachteilige Veränderung seiner Eigenschaften zu verhüten (§ 1a, Wasserhaushaltsgesetz).

Wasserschutzgebiete

Zum Schutz der öffentlichen Trinkwasserversorgung vor Verunreinigungen verschiedenster Art sind Wasserschutzgebiete ausgewiesen, die im allgemeinen in drei Schutzzonen unterteilt werden.

Schutzzone I:
Diese Zone enthält den eigentlichen Fassungsbereich und dessen unmittelbare Umgebung und ist eingezäunt. Innerhalb dieser Zone dürfen keinerlei Fremdstoffe ausgebracht werden.
Schutzzone II:
Diese »engere Schutzzone« umfaßt eine Fläche, von deren äußeren Grenzen Grundwasser in Fließrichtung 50 Tage bis zum Fassungsbereich benötigt.
Schutzzone III:
Die »weitere Schutzzone« umfaßt in der Regel größere Flächen um die engere Schutzzone herum.
Bei sehr großen Wasserschutzgebieten kann eine weitere Unterteilung in die Zonen III A und III B erfolgen.

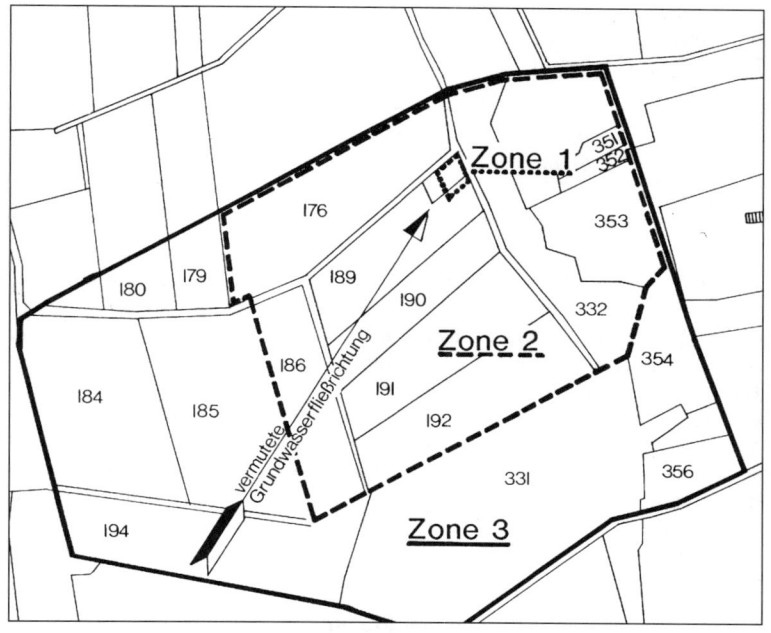

Abb. 19 Beispiel eines Wasserschutzgebietes:
Zone 1: (Fassungsbereich):   Keine Anwendung von Pflanzenschutzmitteln
Zone 2: (engere Schutzzone): ⎫ Keine Anwendung von Pflanzenschutzmitteln
Zone 3: (weitere Schutzzone): ⎭ mit Wasserschutzgebiets-Auflage.

> *Es ist Pflicht eines jeden **Grundstücksbesitzers,** der Pflanzenschutzmittel einsetzen will, sich zu vergewissern, ob und inwieweit seine Grundstücke in einem Wasserschutzgebiet liegen.*

Auskunft über die Grenzen eines Schutzgebietes erhält der Anwender entweder von der zuständigen Gemeindeverwaltung oder vom zuständigen Wasserwirtschaftsamt.

Vor allem die Verwendung von Wirkstoffen mit ungünstigem Versickerungsverhalten kann zur Gefährdung des Grundwassers führen. Aus diesem Grunde werden im Rahmen der Zulassungsprüfung alle Pflanzenschutzmittel auf ihr Versickerungsverhalten untersucht.

Wird bei diesen Untersuchungen festgestellt, daß der Wirkstoff im Boden zur Versickerung neigt und demzufolge das Grundwasser gefährden kann, dann wird dieser Stoff in die **Liste 3 B der Pflanzenschutz-Anwendungsverordnung** aufgenommen.

Für den Anwender von Pflanzenschutzmitteln bedeutet dies:

> *Pflanzenschutzmittel, die mit einer Wasserschutzgebiets-Auflage belastet sind, dürfen im gesamten Wasserschutzgebiet nicht angewendet werden.*

Das derzeitig gültige *Anwendungsverbot* gemäß Pflanzenschutz-AnwendungsVO für den gesamten Bereich eines Wasserschutzgebietes umfaßt ca. 65 Wirkstoffe, wie z. B. Bendiocarb (Seedoxim FHL), Dichlobenil (Gehölz-Unkrautfrei) und Metamidophos (Tamaron).

Besteht für ein Pflanzenschutzmittel eine **Wasserschutzauflage,** so muß dies zwingend in der Gebrauchsanleitung angegeben sein.

Verstöße gegen Wasserschutzbestimmungen sind nach dem Pflanzenschutzgesetz und dem Wasserhaushaltsgesetz bußgeldbewehrte *Ordnungswidrigkeiten* und können mit *Geldbußen* bis zu DM 100 000 geahndet werden.

Tabelle 9: Abtrift beeinflussende Faktoren

1. **Wetter**
   ▶ Temperatur (Luft, Boden)
   ▶ Sonneneinstrahlung
   ▶ Luftdruck
   ▶ Luftfeuchtigkeit, Niederschlag
   ▶ Wolken, Wind

Tabelle 9: Fortsetzung

2. **Pflanzenschutzgerät**
   - Anwendungsverfahren
   - Tropfenspektrum
   - Arbeitsdruck an der Düse
   - Fahrgeschwindigkeit
   - Luftgeschwindigkeit (Sprühen)
   - Luftvolumen (Sprühen)

3. **Pflanzenschutzmittel**

4. **Kultur** (Getreide, Hopfen)

Durch Abtrift belastet oder gefährdet
   - Atmosphäre
   - Boden
   - Pflanzen
   - Wasser
   - Mensch, Tier

Ursachen der Wassergefährdung

Die Verunreinigung von **Oberflächengewässern** mit Pflanzenschutzmitteln kann auf verschiedenen Wegen erfolgen:
- **Abtrift** eines Pflanzenschutzmittels in ein Gewässer. Diese erfolgt bei
  - falsch eingestelltem Spritzgerät, besonders bei zu hohem Druck und feinen Düsen,
  - Spritzen bei starkem Wind,
  - Spritzen bis unmittelbar an den Uferrand eines offenen Gewässers.
- Beabsichtigtes oder unbeabsichtigtes Einleiten von Brühe oder Brüheresten in offene Gewässer oder Abwasserleitungen. Möglichkeiten hierzu sind gegeben
  - bei fahrlässigem Ablassen von Brüheresten aus der Spritze in der Nähe offener Gewässer,
  - bei Befüllen der Spritze an offenen Gewässern ohne Rücksaugschutz oder bei Überlaufen der Spritze,
  - bei Ablassen von Brüheresten auf befestigten Flächen, wenn deren Ablauf in offene Gewässer mündet (Kanalisation),
  - beim Waschen einer mit Pflanzenschutzmitteln verunreinigten Spritze auf vorgenannten Flächen.
- Auf stärker geneigten Hängen ist die Belastung von Gewässern durch Pflanzenschutzmittel bei Starkniederschlägen oder bei Beregnung zu beachten.
- **Grundwassergefährdungen** können entstehen durch Präparate, die relativ leicht in den Boden eingewaschen werden können, ohne
  - in kurzer Zeit abgebaut oder

- an den Ton-Humuskomplex des Bodens gebunden oder
- von den Mikroorganismen zerlegt zu werden.

Werden solche Präparate über längere Zeit und mit höheren Aufwandmengen auf der gleichen Fläche ausgebracht, so ist nicht auszuschließen, daß auf durchlässigeren Böden der Wirkstoff bis in das Grundwasser gelangen kann. Diese Möglichkeit wurde vor allem bei intensivem Maisanbau und bevorzugter Verwendung atrazinhaltiger Präparate beobachtet.

Gefährdete Flächen sind vor allem
- Karstgebiete,
- Standorte mit stark sandigen Böden oder Schotterböden sowie
- Standorte mit nur geringer Deckschicht über dem Grundwasser.

Vorsorgemaßnahmen

▶ **Abtrift vermeiden** durch Spritzen
  - mit angemessenem Druck,
  - mit richtigen Düsen und richtiger Düseneinstellung,
  - bei Windstille oder nur geringer Windgeschwindigkeit,
    mit Mindestabstand zu Gewässern gemäß Gebrauchsanleitung.
▶ **Einleitung vermeiden**
  - Vorsicht beim Befüllen der Spritze:
    Nur mit Rücksaugschutz arbeiten.
    Überlaufen der Spritze verhindern.
  - Keine Brühereste auf den Boden ablassen.
    Waschwasser nicht in Abwassersysteme gelangen lassen.
▶ **Abschwemmung vermeiden**
  - In abschwemmungsgefährdeten Lagen keine Risikopräparate verwenden.
  - Grundwasserverunreinigungen vermeiden.
    Auf durchlässigen Böden die mit W-Auflagen behafteten Präparate besonders zurückhaltend einsetzen.

Wasserverunreinigung läßt sich nicht beheben. Der beste Gewässerschutz ist gewissenhafte Vorsorge.

8.3 Bienenschutz

Sowohl die domestizierte **Honigbiene** als auch viele Arten von **Wildbienen** gehören zu den wichtigsten und nützlichsten Tierarten, die wir kennen.
Bekannt sind
▶ ihr Sammeltrieb für Blütennektar und Pollen, der zur Produktion von Honig und Wachs führt;
▶ ihre unersetzbare Rolle bei der Befruchtung vieler Obst- und Futterpflanzenarten;
▶ ihre vorteilhafte Rolle bei der Bestäubung von Pflanzenarten, die nicht unbedingt hinsichtlich ihrer Befruchtung auf Bienen angewiesen sind (wie z. B. Raps), aber bei Bienenflug eine deutliche Ertragssteigerung zeigen.

Bienengefährdung besteht
▶ bei Verwendung von Pflanzenschutzmitteln, die die BBA mit der Auflage zugelassen hat, sie als »bienengefährlich« zu kennzeichnen;
▶ insbesondere bei Behandlung blühender Pflanzen aller Art (blühende Kulturpflanzen und Unkräuter im Bestand) außer Hopfen und Kartoffeln, deren Blüten nicht von Bienen angeflogen werden;
▶ bei Behandlung von Pflanzen, an denen der von Blattläusen ausgeschiedene »Honigtau« erkennbar auftritt, der von Bienen gesammelt wird;
▶ bei eigenmächtiger Überkonzentration eines Mittels über die höchste in der Gebrauchsanleitung für einen vorgesehenen Anwendungsbereich angegebenen Konzentration hinaus;
▶ bei Verschütten von Brüheresten mit bienengefährlichen Präparaten in der Flur.

Der Gesetzgeber hat deshalb die Honigbiene unter besonderen Schutz gestellt und eine »Verordnung zum Schutz der Bienen vor Gefahren durch Pflanzenschutzmittel **(Bienenschutzverordnung)**« erlassen.

Bei der Kennzeichnung von Pflanzenschutzmitteln werden hinsichtlich deren Bienengefährlichkeit folgende *Kennbuchstaben* verwendet:
Es bedeuten

NB 6611 = Bienengefährlich. Die Mittel dürfen nicht auf blühende oder von Bienen beflogene Pflanzen ausgebracht werden. Zu »blühenden Pflanzen« gehören auch blühende Unkräuter.

NB 6621 = Bienengefährlich, ausgenommen bei Anwendung nach dem täglichen Bienenflug bis 23 Uhr. Diese Mittel sind bei Ausbringung auf blühende Pflanzen während des Bienenflugs bienengefährlich. Sie dürfen daher nur nach Beendigung des täglichen Bienenflugs (bis spätestens 23 Uhr) auf blühende oder von Bienen beflogene Pflanzen ausgebracht werden.

NB 663 = Bienen werden nicht gefährdet aufgrund der durch die Zulassung festgelegten Anwendungen des Mittels (z. B. Beizmittel, Bodenherbizide).
NB 664 = Nicht bienengefährlich aufgrund einer amtlichen Prüfung bzw. aufgrund der derzeitigen Beurteilung der chemischen Zusammensetzung hinsichtlich der Wirkung auf Bienen. Beim Einsatz nicht bienengefährlicher Pflanzenschutzmittel ist die höchste als nicht bienengefährlich festgestellte Konzentration oder Aufwandmenge dem Pflanzenschutzmittelverzeichnis zu entnehmen.

Ferner schreibt die Bienenschutzverordnung vor:
▶ Innerhalb eines Umkreises von 60m um einen Bienenstand dürfen bienengefährliche Mittel während des täglichen Bienenfluges nur mit Zustimmung des Imkers angewendet werden.
▶ Wer bienengefährliche Pflanzenschutzmittel an Bäumen im Wald anwenden will, hat dies derzeit spätestens 48 Stunden vorher der zuständigen Behörde anzuzeigen (z. B. der Kreisverwaltungsbehörde).

Verstöße gegen die Bienenschutzverordnung sind nach dem Pflanzenschutzgesetz als Ordnungswidrigkeiten **bußgeldbewehrt.**

Vorsorgender Bienenschutz

1. Blühende Bestände nur bei wirklich akutem Bedarf behandeln.
2. Bei blühenden Pflanzen im Bestand oder bei Blattlausausscheidung (»Honigtaubildung«) ausnahmslos nur bienenungefährliche Mittel verwenden.
3. Wenn Spritzung blühender Bestände notwendig, dann möglichst gegen Abend bei abnehmendem oder beendetem Bienenflug ausbringen.
4. Bei Spritzmaßnahmen mit bienengefährlichen Mitteln darf keinerlei Abtrift aus der Behandlungsfläche heraus auf
   – blühende Nachbarkulturen,
   – auf Feldraine mit blühenden Pflanzen
   erfolgen.
5. Vertrauensvollen Kontakt mit den Imkern suchen.
6. Im Kleingartenbereich grundsätzlich nur bienenungefährliche Präparate anwenden.

8.4 Schutz von Nützlingen

Unter »**Nützlingen**« versteht man Tierarten, die aufgrund ihrer räuberischen oder parasitierenden Lebensweise in der Lage sind, einige für die Kulturpflanzen schädliche Tierarten zu vernichten oder zu dezimieren.

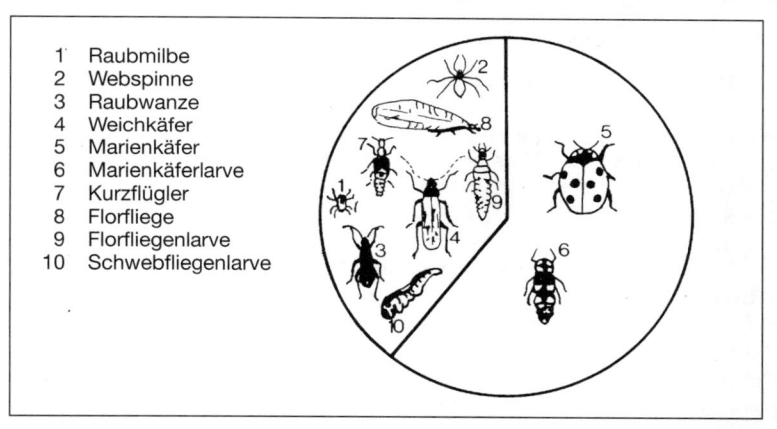

1. Raubmilbe
2. Webspinne
3. Raubwanze
4. Weichkäfer
5. Marienkäfer
6. Marienkäferlarve
7. Kurzflügler
8. Florfliege
9. Florfliegenlarve
10. Schwebfliegenlarve

Abb. 20 Natürliche Gegenspieler von Getreideblattläusen.

Tabelle 10: Fraßquoten einiger Gegenspieler von Blattläusen

Art	Fraßquote
Marienkäfer – Imagines – Larven – während der ganzen Larvenentwicklung	50 Läuse/Tag 20–50 Läuse/Tag ca. 600 Läuse
Florfliegen – Imagines – Larven	20 Läuse/Tag 30 Läuse/Tag
Schwebfliegen – Larven – im letzten Stadium	30–60 Läuse/Tag 100 Läuse/Tag

Vorrangig sind dies:
- **Marienkäferarten,** die als Larven und Käfer Blattläuse fressen;
- **Laufkäferarten,** die u. a. Schnecken und zur Verpuppung in den Boden abwandernde Larven von Kohlschotenmücken, Sattelmücken und Kohlfliegen fressen;
- **Florfliegen-** und **Schwebfliegenlarven,** die Blattläuse fressen;
- **Radnetzspinnen,** in deren Netze sich häufig in großer Zahl Blattläuse fangen;
- **Raub-** und **Springspinnen,** die alles fressen, was sie überwältigen können;
- **Raubmilben,** die Spinnmilben aussaugen;
- **Raubwanzen,** die Eier und Larven vieler Insekten aussaugen sowie vor allem eine große Zahl von
- **Schlupfwespen** aller Art, die als Parasiten ihre Eier in die Eier, Larven und Puppen verschiedenster Insektenarten ablegen, worauf die schlüpfenden Wespenlarven ihre Wirtstiere von innen her auffressen.

Beispiele hierfür:
Trichogramma evanescens gegen Maiszünsler, *Encarsia formosa* gegen weiße Fliege.

Auch im Freiland brechen viele Blattlauspopulationen durch die Parasitierung durch Schlupfwespenarten zusammen.

»Nützlinge« können im Freiland chemische Maßnahmen nicht völlig ersetzen, da sie sich in der Regel erst zu einem Zeitpunkt wirkungsvoll vermehrt haben, zu dem die Schädlinge bereits spürbare Schäden verursachten.

Nützlinge können aber sehr wohl mithelfen, die Zahl der chemischen Behandlungen zu reduzieren.

Es liegt deshalb im eigenen Interesse des Anwenders, sich die Mithilfe dieser Nützlinge nutzbar zu machen.

Möglichkeiten hierfür sind gegeben durch Beachtung folgender Grundsätze:

Insektizideinsätze
▶ Anwendung nur, wenn unbedingt notwendig.
▶ Soweit wie möglich selektiv wirkende Mittel bevorzugen (z. B. Pirimor bei der Blattlausbekämpfung).
▶ Im gärtnerischen Unterglasanbau die Auswahl von Pflanzenschutzmitteln auf die Verträglichkeit gegenüber vorhandenen bzw. eingesetzten Nützlingen abstimmen.
▶ Verantwortungsbewußten Biotopschutz betreiben, d. h. alle Flächen, die nicht unmittelbar der land- und forstwirtschaftlichen sowie der gärtnerischen Produktion dienen, nicht mit Pflanzenschutzmitteln jeglicher Art belasten.

▶ Im Hausgartenbereich Zurückhaltung beim Einsatz von Pflanzenschutzmitteln üben. Hier stehen keine wesentlichen wirtschaftlichen Werte auf dem Spiel.

Auch staatliche Förderungsprogramme dienen der Nützlingsentwicklung und Artenvielfalt:

Beispiele für Programminhalte:
- *Acker- und Wiesenrandstreifen:* Durch Nichtbehandlung eines Streifens am Feldrand entlang wird nicht nur die Artenvielfalt von Pflanzen erhalten, sondern die Blüten dieser Pflanzen dienen als Nahrungsquelle für viele nützliche Insektenarten, die auf der übrigen Kulturfläche räuberisch oder parasitierend tätig werden können.
- *Wiesenbrüter:* Die vertraglich erfaßten Wiesen werden erst nach Beendigung der Brutzeit der bodenbrütenden Vogelarten geschnitten. Der späte Wiesenschnitt hat u. a. die Nebenwirkung, daß sich viele nützliche Insektenarten vollständig an den blühenden Wiesenpflanzen entwickeln können.

Beispiele für Förderprogramme:
- Landschaftspflegeprogramme,
- Programme für Mager- und Trockenstandorte,
- Bayerisches Kulturlandschaftsprogramm,
- Extensivierungsprogramme.

8.5 Wildschutz

Der allgemeine Rückgang der Niederwildstrecken in den letzten Jahren wird dem chemischen Pflanzenschutz angelastet.
Eindeutig nachweisbar sind einzelne Fälle von
- absichtlicher Vergiftung, besonders bei Fasan und Taube, zur Abwehr der Vögel von auflaufenden Saaten; diese Maßnahme ist nach dem Tierschutzgesetz strafbar;
- unbeabsichtigter Vergiftung, vor allem von Vögeln, durch die unsachgemäße Ausbringung von Sämereien, die mit vogeltoxischen Präparaten inkrustiert waren (z. B. Carbosulfan, Oftanol an Raps).

Möglich sind indirekte Einflüsse von Pflanzenschutzmitteln auf Niederwild, die sich deshalb negativ auswirken, weil sie dessen Lebensraum verändern. Ein **Beispiel** hierfür sind junge Rebhühner, die in den ersten Lebenswochen auf Insekten als Nahrung angewiesen sind, diese aber in entsprechend behandelten Flächen nicht oder zu wenig vorfinden.

Wichtigste Maßnahmen zum **Wildschutz:**
▶ Sehr sorgfältiger Umgang mit inkrustiertem Saatgut:
- Kein Saatgut verschütten,
- Saatgut sorgfältig in den Boden einbringen,
- Nachrieseln des Saatgutes beim Ausheben der Sägeräte vermeiden;

- mit Insektizidgranulaten ebenso sorgfältig wie mit inkrustiertem Saatgut umgehen;
- keinerlei Pflanzenschutzmittelanwendung auf Wegrändern, Feldrainen, Waldsaumzonen, Uferbereichen, »Öd- und Unländereien«.

Überprüfen Sie Ihr Wissen mit den Fragen 801–836.

9 Verfahren und Geräte zum Ausbringen von Pflanzenschutzmitteln

Aufgabe der Pflanzenschutzgeräte ist es, Pflanzenschutzmittel zur Vorbeugung oder Bekämpfung von Pflanzenkrankheiten, Schädlingen oder Unkräutern auf eine bestimmte Fläche (Pflanze oder Boden) möglichst gleichmäßig zu verteilen.

9.1 Ausbringungsverfahren

Pflanzenschutzmittel können in verschiedenen Formen und Verfahren ausgebracht werden (Abb. 21).

```
                        flüssige Form
    ┌──────────┬──────────┬──────────┬──────────┐
  Spritzen   Sprühen    Nebeln     Gießen    Streichen
  
    feste Form                gasförmige Form
  ┌─────────┬─────────┐     ┌───────────┬───────────┬──────────┐
  Streuen   Stäuben         Verbrennen  Verdampfen  Begasen
```

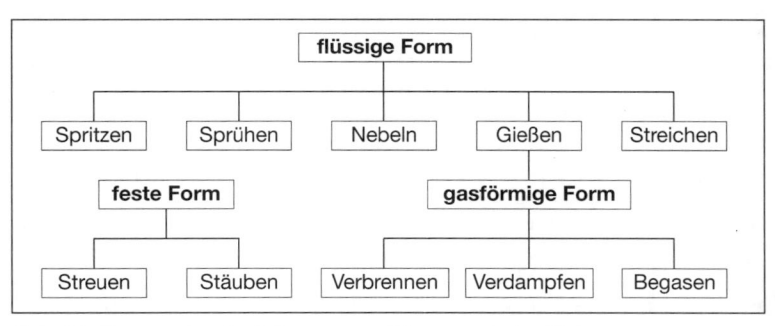

Abb. 21 Formen des Ausbringens von Pflanzenschutzmitteln.

▶ **Spritzen:** Die Behandlungsflüssigkeit (Spritzbrühe) wird unter Druck über Düsen ausgebracht. Die Tropfengröße schwankt zwischen 0,15 und 0,60 mm Durchmesser. Im Obst-, Wein-, Hopfenbau Einsatz von Gebläsespritzen, wobei die Spritztropfen zusätzlich mit einem Luftstrom auf die Pflanzen gebracht werden.
▶ **Sprühen:** Die Behandlungsflüssigkeit (Brühe) wird durch Luftdruck in sehr feinen Tröpfchen (0,05–0,15 mm Durchmesser) zerstäubt. Der Wasserbedarf ist demzufolge geringer als beim Spritzen, wegen der kleinen Tröpfchen die Abtriftgefahr jedoch höher.

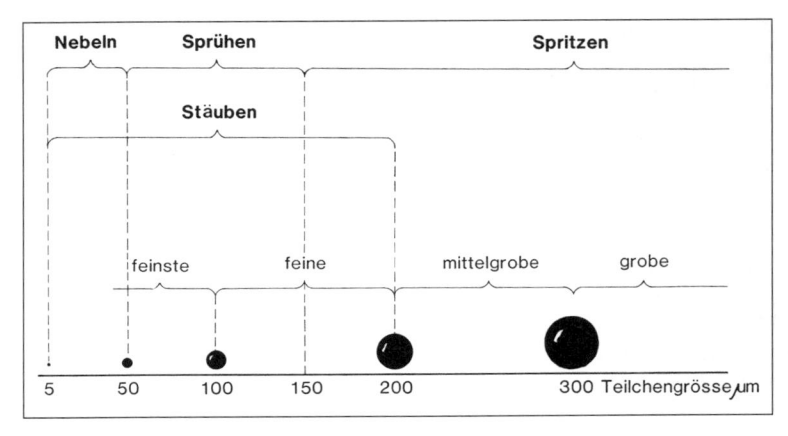

Abb. 22 Anwendungsverfahren und Teilchengröße.

▶ **Nebeln:** Bei diesem Verfahren wird die Behandlungsflüssigkeit in noch kleineren Tröpfchen (0,005–0,05 mm Durchmesser) verteilt. Nur in geschlossenen Räumen geeignet.
▶ **Gießen:** Ausbringen der Behandlungsflüssigkeit mit einfachen (Gießkanne) oder speziellen Gießgeräten im Feldgemüse- und Gartenbau.
▶ **Streichen:** Bestreichen der Pflanzen mit konzentrierter Behandlungsflüssigkeit (z. B. Dochtstreichgerät zur Ampferbekämpfung).
▶ **Streuen:** Ausbringen von Pflanzenschutzmitteln in Granulatform.
▶ **Stäuben:** Das pulverförmige Pflanzenschutzmittel wird mit Hilfe eines von einem Gebläse erzeugten Luftstromes zerstäubt.
▶ **Verbrennen, Verdampfen:** Das Pflanzenschutzmittel kommt als Räucher- oder Verdampfungsmittel in geschlossenen Räumen zum Einsatz.
▶ **Begasen:** Infolge chemischer Reaktionen wird der Wirkstoff in gasförmiger Form frei (z. B. zur Bekämpfung von Vorratsschädlingen oder Wühlmäusen).
▶ **Beizen, Inkrustieren:** Anlagerung der Pflanzenschutzmittel an das Saatgut.

9.2 Verwendung geeigneter und einwandfrei funktionierender Pflanzenschutzgeräte

Gemäß Pflanzenschutzgesetz dürfen Pflanzenschutzgeräte nur in den Verkehr gebracht oder eingeführt werden, wenn sie so beschaffen sind, daß ihre bestimmungsgemäße und sachgerechte Verwendung beim Ausbringen von Pflanzenschutzmitteln keine schädlichen Auswirkungen auf die Gesundheit von Mensch und Tier und auf das Grundwasser sowie keine sonstigen schädlichen Auswirkungen, insbesondere auf den Naturhaushalt, hat, die nach dem Stand der Technik vermeidbar sind (§ 24). Die Anforderungen an die Beschaffenheit und die Gebrauchsanleitung der Pflanzenschutzgeräte sind in der Verordnung über Pflanzenschutzmittel und Pflanzenschutzgeräte **(Pflanzenschutzmittel-Verordnung)** geregelt.

9.3 Beschaffenheit der Pflanzenschutzgeräte

Pflanzenschutzgeräte müssen so beschaffen sein, daß
1. sie zuverlässig funktionieren,
2. sie sich bestimmungsgemäß und sachgerecht verwenden lassen,
3. sie ausreichend genau dosieren und verteilen,
4. bei bestimmungsgemäßer und sachgerechter Verwendung das Pflanzenschutzmittel am Zielobjekt ausreichend abgelagert wird,
5. Teile, die sich bei Gebrauch des Pflanzenschutzgerätes erhitzen, beim Befüllen oder Entleeren des Gerätes von Pflanzenschutzmitteln nicht getroffen werden,
6. sie sich sicher befüllen lassen,
7. sie gegen Verschmutzung so gesichert sind, daß ihre Funktion nicht beeinträchtigt wird,
8. Überschreitungs- und Unterschreitungsgrenzen der zu befüllenden Behälter leicht erkennbar sind,
9. ein ausreichender Sicherheitsabstand zwischen Nennvolumen und Gesamtvolumen der zu befüllenden Behälter vorhanden ist,
10. Pflanzenschutzmittel nicht unbeabsichtigt austreten können,
11. der Vorrat an Behandlungsflüssigkeit leicht erkennbar ist,
12. sie sich leicht, genügend genau und reproduzierbar einstellen lassen,
13. sie ausreichend mit genügend genau anzeigenden Betriebsmeßeinrichtungen ausgestattet sind,
14. sie sich vom Arbeitsplatz sicher bedienen, kontrollieren und sofort abstellen lasen,
15. sie sich sicher, leicht und völlig entleeren lassen,
16. sie sich leicht und gründlich reinigen lassen,
17. sich Verschleißteile austauschen lassen,
18. Meßgeräte zu ihrer Prüfung angeschlossen werden können.

An Pflanzenschutzgeräten sind ausreichende, leicht lesbare **Dosierhinweise** (Aufwandtabellen oder -diagramme) in dauerhafter Form anzubringen oder, sofern die Außenfläche eines Pflanzenschutzgerätes nicht ausreicht oder ungeeignet ist, in dauerhafter Form mitzuliefern.

An Pflanzenschutzgeräten ist die jeweilige Typenbezeichnung oder Zugehörigkeit zum Gerätetyp anzugeben und das Baujahr zu kennzeichnen. Zerstäuber sind so zu kennzeichnen, daß Bauart, Größe und wichtige Betriebsdaten erkennbar sind.

9.4 Gebrauchsanleitung

Die **Gebrauchsanleitung** muß Angaben enthalten
1. über die bestimmungsgemäße Ausstattung des Pflanzenschutzgerätes,
2. für das Befüllen des Gerätes und über Vorsichtsmaßnahmen,
3. über Betriebs- und Einstellbereiche des Gerätes,
4. über die Restmenge, die das Gerät nicht mehr bestimmungsgemäß ausbringt,
5. für das Entleeren und Reinigen des Gerätes,
6. für die Überprüfung der Dosierung,
7. über die Maschenweite der Filter,
8. über Abstände, nach denen das Pflanzenschutzgerät auf Funktionstauglichkeit sowie Dosierungs- und Verteilgenauigkeit zu überprüfen ist,
9. über Einschränkungen der Verwendung bestimmter Pflanzenschutzmittel,
10. für das Umstellen auf andere Rüstzustände des Pflanzenschutzgerätes,
11. über Möglichkeiten der Verbindung mit anderen Maschinen und Geräten einschließlich Sicherheitsmaßnahmen,
12. für die Prüfung des Pflanzenschutzgerätes.

9.5 Pflichtkontrolle von Pflanzenschutzgeräten

Gemäß § 7 der Pflanzenschutzmittel-Verordnung sind Pflanzenschutzgeräte für Flächenkulturen in regelmäßigen Zeitabständen durch amtliche oder amtlich anerkannte Kontrollstellen zu überprüfen. Betroffen von dieser Regelung sind Pflanzenschutzgeräte, die mit einem horizontal ausgerichteten Spritz- oder Sprühgestänge ausgestattet sind.
Die **Prüfung** erstreckt sich auf Antrieb, Pumpe, Rührwerk, Spritzflüssigkeitsbehälter, Armaturen, Leitungssystem, Filter, Spritz- und Sprühgestänge und Düsen. Dabei werden insbesondere die Anforderungen des Kapitels 9.3 überprüft.
Nach erfolgreicher Prüfung wird an dem Pflanzenschutzgerät eine **Prüfplakette** (Abb. 23) deutlich sichtbar und untrennbar angebracht. Sie ist so

beschaffen, daß sie bei ihrer Entfernung zerstört wird. Die Plakette ist **2 Jahre** gültig. Spätestens nach Ablauf dieser Zeit muß das Pflanzenschutzgerät wieder in einer **amtlich anerkannten Kontrollstelle** überprüft werden. Befindet sich an einem im Gebrauch befindlichen Pflanzenschutzgerät keine gültige Prüfplakette, muß die nach Landesrecht zuständige Stelle die Benutzung untersagen. Ein Verstoß dagegen ist bußgeldbewehrt.

Ausgenommen von der Plakettenpflicht sind Neugeräte bis zu 6 Monaten nach Ingebrauchnahme. Die dann fällige Prüfung beschränkt sich auf die Pumpe, das Leitungssystem und die Düsenarbeit.

Die Farbe der vergebenen Prüfplaketten wechselt von Jahr zu Jahr, so daß sich ungültige Plaketten schon an der Farbe erkennen lassen.

Die Meßeinrichtungen der Kontrollwerkstätten werden regelmäßig überprüft, um eine einwandfreie Gerätekontrolle zu gewährleisten.

Abb. 23 Prüfplakette (Beispiel). Diese Plakette wird auf das geprüfte Gerät geklebt und enthält in dem Kasten die Anschrift des Kontrollbetriebes. Die Plakette ist 2 Jahre gültig.

Abb. 24 Schild eines Kontrollbetriebes (Beispiel).

Abb. 25 Diesen Prüfungsnachweis muß der Kontrollbetrieb auf einem DIN-A4-Schild im Betrieb anbringen (Beispiel).

9.6 Sachgerechter Einsatz der Pflanzenschutzgeräte

1 Allgemeines

▶ Beim Befüllen des Gerätes Vorgang stets beaufsichtigen. Keine direkte Verbindung zwischen Füllschlauch und Behälterinhalt herstellen, damit ein Rücksog verhindert wird. Überlaufen des Behälters und Verunreinigungen von öffentlichen Gewässern, Regen- und Schmutzkanal vermeiden.

▶ Keine Behandlung bei Temperaturen über +25°C vornehmen, weil auftretende Thermik unkontrollierte Wirkstoffverwehungen über große Entfernungen zur Folge haben kann. Die Arbeiten in die Morgen- und Abendstunden verlegen (geringere Abtriftgefahr).

▶ Die Ausbringmenge der Geräte vor Saisonbeginn und z. B. bei Düsenwechsel genau auslitern bzw. auswiegen. Die Fahrgeschwindigkeit auf der Behandlungsfläche in dem vorgesehenen Fahrgang ermitteln. Sonstige Pflanzenschutzgeräte entsprechend vorbereiten.

▶ Der Geräteeinsatz hat so zu erfolgen, daß alle Pflanzenschutzmittel – sofern aufgrund der Gebrauchsanleitung keine andere Verteilung vorgeschrieben wird – gleichmäßig auf der Behandlungsfläche verteilt und angelagert werden. Unvertretbare Umweltbelastungen durch Abtrift, Verdampfung u. a. sind zu vermeiden.

▶ Den notwendigen Bedarf an Pflanzenschutzmitteln genau errechnen; nur auf die Größe der Anwendungsfläche abgestimmte Menge an Behandlungsflüssigkeiten ansetzen. Bei schwierigen Flächenberech-

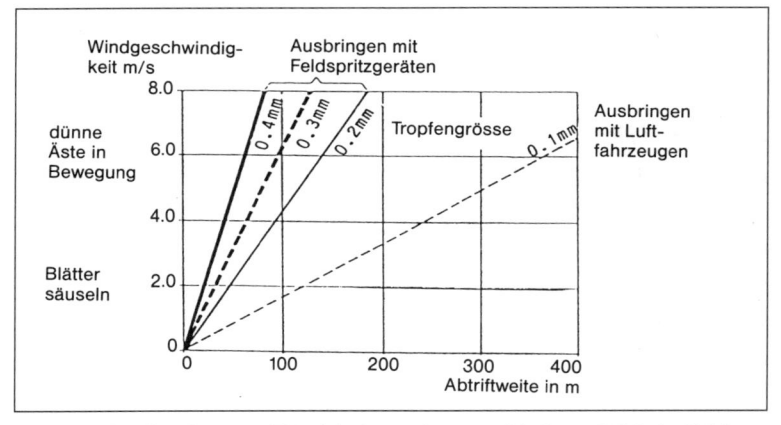

Abb. 26 Abtriftweiten von Flüssigkeitstropfen verschiedener Größe in Abhängigkeit von der Windgeschwindigkeit.

nungen Brühemenge unterbemessen, um gegebenenfalls eine kleine Fläche, auf der mit keinem oder geringem Befall zu rechnen ist, aussparen zu können (Vermeiden von Restmengen).
▶ Den Wasseraufwand entsprechend der Gebrauchsanleitung des Präparates wählen und den Betriebsdruck so niedrig wie möglich halten.
▶ Zu gefährdeten Objekten, wie insbesondere bebauten Gebieten, Gärten, Sport- und Freizeitstätten, Gewässern, Naturschutzgebieten, Wiesen und Weiden sowie Feldrainen, einen den Windverhältnissen (Richtung und Geschwindigkeit) angepaßten, ausreichenden Sicherheitsabstand einhalten bzw. die Fahrgeschwindigkeit und den Betriebsdruck reduzieren.
▶ Abtrift auf benachbarte Flächen vermeiden. Die erste Spritzbahn sollte grundsätzlich mit reduziertem Druck und verminderter Geschwindigkeit gefahren werden.
▶ Geräte regelmäßig warten und pflegen. Spritz- und Sprühgeräte regelmäßig kontrollieren lassen.

2 Feldspritzgeräte

▶ Richtige Düsenwahl und sachgerechte Abstimmung von Betriebsdruck und Fahrgeschwindigkeit unter Berücksichtigung der Witterungsbedingungen vornehmen.
▶ Auf bestimmungsgemäßen Einsatz von geeigneten Flachstrahldüsen oder anderen Zerstäubern, bei denen die Arbeitsgenauigkeit gewährleistet ist, achten (BBA-anerkannte Düsen). Am weitesten verbreitet sind die Universal-Flachstrahldüsen mit 110–120° Spritzwinkel; der Druck ist auf die eingesetzten Düsen abzustimmen. Luftunterstützte Injektordüsen vermindern die Abtrift erheblich.
▶ Bei durchschnittlichen Windgeschwindigkeiten über 5 m/s (Blätter und dünne Zweige bewegen sich) Behandlungen unterlassen. Bei 3 m/s Windgeschwindigkeit zusätzliche Maßnahmen zur Abtriftvermeidung ergreifen, z. B. großtropfiger zerstäuben, langsamer fahren, Windrichtung beachten.
▶ Fahrgeschwindigkeit nicht größer als 8 km/h wählen.
▶ Genaues Anschlußfahren gewährleisten, z. B. durch Fahrgassen.

3 Sprühgeräte

▶ Bestimmungsgemäße und sachgerechte Abstimmung von Düsengröße, Düsenstellung, Betriebsdruck, Fahrgeschwindigkeit, Gebläseleistung, Luftaustrittsgeschwindigkeit und -richtung auf die zu behandelnde Kultur, deren Belaubung, Entwicklungsstadium und Standraumanordnung unter Berücksichtigung der Witterungsbedingungen.
▶ Bei durchschnittlicher Windgeschwindigkeit über 3 m/s (Blätter säuseln) Behandlung unterlassen.

4 Beizgeräte

▶ Grundsätzlich nur sorgfältig gereinigtes und entstaubtes Saatgut dem Beizvorgang zuführen.
▶ Die Dosierung entsprechend der Gebrauchsanleitung des Präparates einstellen und mit Hilfe von Abdrehproben exakt auf den Getreidestrom abstimmen.
▶ Die Getreidedurchsatzleistung des Beizgerätes im Interesse einer guten Beizmittelverteilung des Präparates anpassen und nach Möglichkeit unter der Nennleistung einstellen.
▶ Beizgeräte nur mit funktionsfähiger Absaugeinrichtung einsetzen, damit Beizmittelstäube oder -dämpfe nicht in die Raumluft gelangen.
▶ Beizen und Absacken von gebeiztem Saatgut in jedem Fall nur mit Schutzkleidung und Atemschutz entsprechend der Gebrauchsanleitung des Präparates vornehmen.

5 Granulatstreuer

▶ Exakte Einstellung der in der Gebrauchsanleitung des Präparates vorgeschriebenen Aufwandmenge mit Hilfe von Abdrehproben entsprechend der Gebrauchsanleitung des Granulatstreugerätes sicherstellen.
▶ Beim Einfüllen von Granulat in den Gerätebehälter auf keinen Fall Körner verschütten und in jedem Fall Gebrauchsanleitung des Präparates beachten.
▶ Das Auslaufrohr des Granulatstreugerätes unbedingt so anordnen, daß Mittel, die einer Einarbeitung bedürfen, in jedem Fall in den Boden eingebracht und abgedeckt werden und nicht oberflächlich liegen bleiben. Dies gilt auch für das Einsetzen und Ausheben des Geräts an den Feldenden.

6 Nebelgeräte

▶ Nebelgeräte entsprechend der Gebrauchsanleitung von Gerät und zugelassenem Präparat nur in geschlossenen Räumen einsetzen.
▶ Behandelte Räume deutlich kennzeichnen und solange unter Verschluß halten, wie es die Gebrauchsanleitung des Präparates vorschreibt.
▶ Lüften der Räume vor dem Wiederbetreten.

7 Sonstige Pflanzenschutzgeräte

▶ Bei Verwendung von Legeflinte, Ködergerät, Polytanette ist auf den Schutz der freilebenden Tiere besonders zu achten.

9.7 Sachgerechtes Warten und Pflegen von Pflanzenschutzgeräten

Laufende Wartung

Vor Beginn einer jeden Spritzsaison sollte in einer Landmaschinen-Fachwerkstatt eine gründliche Gerätekontrolle mit Hilfe z. B. der Quantitest-, Manotest- und Dositestgeräte durchgeführt werden.

Zur sachgerechten Wartung gehören ferner:
- Überprüfen der Unfallschutzeinrichtungen;
- Kontrolle des Vordruckes im Druckausgleichsbehälter;
- Überprüfen des Ölstandes und der Keilriemen- bzw. Kettenspannung;
- Kontrolle der Schlauchleitungen und deren Verschraubungen;
- Abschmieren der vorhandenen Schmierstellen;
- Reinigen aller Filtereinsätze und Kontrolle auf Beschädigungen;
- Säuberung verunreinigter Düsenmundstücke mit weicher Bürste;
- Kontrolle auf Leckwasserbildung bei der Pumpe;
- Überprüfen aller Membranen und rechtzeitiges Erneuern; bei bestimmten Pumpen sollte dies vorsorglich alle 2 Jahre erfolgen;
- Reinigung der gesamten Spritzanlage nach jedem Einsatz noch auf dem Feld mit Frischwasser aus Zusatzbehälter (diese Maßnahme stellt einen wichtigen Schritt zur Entsorgung von Restmengen dar! Siehe Abschnitt »Schutz des Naturhaushaltes«);
- beim Durchspülen Schaltventile öfter betätigen;
- Zwischenreinigung von Pumpe, Schläuchen und Düsen, falls Spritzmaßnahme unvorhergesehen längere Zeit unterbrochen werden muß (z. B. bei schlechter Witterung);
- laufende Überprüfung des Volumenaufwandes l/ha mit z. B. Dosierbecher;
- Beachten aller darüber hinausgehenden speziellen Empfehlungen der Bedienungsanleitung zur Wartung und Pflege eines Gerätes.

Einwinterung

- Gründliches Reinigen außen und innen nach dem letzten Einsatz mit viel Wasser und eventuell unter Zusatz von Reinigungsmitteln. **Das Waschwasser darf nicht in die Kanalisation gelangen;**
- sorgfältiges Durchspülen und restloses Entfernen des Spülwassers aus allen Geräteteilen;
- alle Schläuche lösen und Pumpe nochmals mehrere Sekunden laufen lassen;
- Filtereinsätze ausbauen und nachreinigen;
- Düsenmundstücke herausnehmen und mit weicher Bürste säubern;

- Manometer, Pumpe, Filter und Armaturen ausbauen und frostfrei lagern;
- Pumpen- und Getriebeöl nach Vorschrift wechseln;
- bei Rotationspumpen Korrosionsschutzöl einfüllen;
- Gesamtgerät mit einem Rostschutzöl einsprühen;
- Frostschutz ist möglich, wenn 3 l einer 1:1-Mischung aus Frostschutzmittel und Wasser in den Behälter eingefüllt werden und das Gerät nochmals in Betrieb genommen wird, bis die Frostschutzlösung bei den Düsen austritt.

9.8 Einstellen und Kontrolle der Ausbringmenge

Wie alle Geräte unterliegen auch Pflanzenschutzgeräte dem Verschleiß. Deshalb ist ihre sachgerechte Pflege und Wartung nach Maßgabe der Gebrauchsanleitung unbedingt erforderlich.

Wenngleich Feldspritzgeräte alle 2 Jahre einer Pflichtkontrolle in einer amtlich anerkannten Kontrollwerkstatt unterzogen werden müssen, sollten sie zusätzlich nach oder vor jeder Spritzsaison gründlich gewartet werden, um eine ordnungsgemäße Funktion sicherzustellen.

Selbst das bestausgerüstete Gerät kann seine Aufgaben nicht erfüllen, wenn es nicht richtig eingestellt und gewartet wird.

Schon geringe Abweichungen von der richtigen Einstellung können
- Kulturpflanzen schädigen oder vernichten,
- ungenügende Wirkung auf Krankheiten, Schädlinge und Unkräuter haben,
- die Umwelt unnötig belasten und
- u. U. erhebliche Mehrkosten verursachen.

Folgende Daten sind von Bedeutung für die Spritzarbeit:

- Düsenzahl
- Düsengröße
- Druck

} beeinflussen die Ausbringmenge je Zeiteinheit (l/min)

- Fahrgeschwindigkeit
- Arbeitsbreite

} beeinflussen die Ausbringmenge je Flächeneinheit (l/ha)

- Düsenrichtung
- Strahlwinkel
- Düsenabstand von
- der Behandlungsfläche

} beeinflussen die Verteilungsgüte

9.9 Ermitteln des Wasserbedarfes (Aufwandvolumen l/ha) bei Spritz- und Sprühgeräten

Verfahren 1: Ermittlung durch Überfahren einer Meßstrecke
- Prüfen, ob alle Düsen einwandfrei arbeiten;
- empfohlenen Druck einstellen,
- Düsen schließen und Wasser bis zu einer bestimmten Marke am Behälter (am besten randvoll) auffüllen;
- Standort des Gerätes genau kennzeichnen;
- Meßstrecke gleichmäßig schnell und mit fliegendem Start überfahren;
- Gerät nur zwischen den Meßmarken (100 m Prüfstrecke) einschalten;
- verbrauchte Wassermenge genau ermitteln (Auslitern).

$$\frac{\text{Wasserverbrauch auf Meßstrecke in Liter} \times 10\,000}{\text{Arbeitsbreite in m} \times \text{Länge der Meßstrecke in m}} = \text{Wasserbedarf l/ha}$$

Beispiel Feldspritze:
$$\frac{40\,\text{l (verbrauchte Wassermenge)} \times 10\,000}{10\,\text{m (Arbeitsbreite)} \times 100\,\text{m (Prüfstrecke)}} = 400\,\text{l/ha}$$

Beispiel Sprühgerät:
$$\frac{70\,\text{l (verbrauchte Wassermenge)} \times 10\,000}{3{,}5\,\text{m (Arbeitsbreite)} \times 200\,\text{m (Prüfstrecke)}} = 1000\,\text{l/ha}$$

Beispiel Rückenspritze:
$$\frac{8\,\text{l (verbrauchte Wassermenge)} \times 10\,000}{2\,\text{m (Arbeitsbreite)} \times 100\,\text{m (Prüfstrecke)}} = 400\,\text{l/ha}$$

Beispiel Bandspritzgeräte:
bei 6 Düsen und 25 cm Bandbreite (= 1,5 m Spritzbreite):
$$\frac{4{,}5\,\text{l (verbrauchte Wassermenge)} \times 10\,000}{1{,}5\,\text{m (Spritzbreite)} \times 200\,\text{m (Prüfstrecke)}} = 150\,\text{l/ha}$$

Verfahren 2: Ermittlung im Stand über den Einzeldüsenausstoß

Voraussetzung: Kenntnis der genauen Fahrgeschwindigkeit.
- Prüfen, ob alle Düsen einwandfrei arbeiten;
- Spritzdruck für das gewünschte Aufwandvolumen (l/ha) einstellen;
- Ausbringvolumen z. B. mit Stoppuhr, Dosierzylinder, Meßbecher bei mehreren Düsen ermitteln und den durchschnittlichen Einzeldüsenausstoß in l/min errechnen.

$$\frac{\text{Einzeldüsenausstoß in l/min} \times \text{Zahl der Düsen} \times 600}{\text{Arbeitsbreite in m} \times \text{Fahrgeschwindigkeit in km/h}} = \text{Wasserbedarf l/ha}$$

Beispiel Feldspritze:
$$\frac{2\,\text{l/min (Düsenausstoß)} \times 20\,\text{(Düsenzahl)} \times 600}{10\,\text{m (Arbeitsbreite)} \times 6\,\text{km/h (Fahrgeschwindigkeit)}} = 400\,\text{l/ha}$$

Beispiel Sprühgerät:
$$\frac{4\,\text{l/min (Düsenausstoß)} \times 10\,\text{(Düsenzahl)} \times 600}{4\,\text{m (Arbeitsbreite)} \times 6\,\text{km/h (Fahrgeschwindigkeit)}} = 1000\,\text{l/ha}$$

Beispiel Rückenspritze:
$$\frac{2\,\text{l/min (Düsenausstoß)} \times 4\,\text{(Düsenzahl)} \times 600}{2\,\text{m (Arbeitsbreite)} \times 4\,\text{km/h (Fahrgeschwindigkeit)}} = 600\,\text{l/ha}$$

Beispiel Bandspritzgeräte:
$$\frac{0{,}3\,\text{l/min (Düsenausstoß)} \times 6\,\text{(Düsenzahl)} \times 600}{1{,}5\,\text{m (Spritzbreite)} \times 5\,\text{km/h (Fahrgeschwindigkeit)}} = 144\,\text{l/ha}$$

Verfahren 3: Ermittlung im Stand über den Gesamtdüsenausstoß

Voraussetzung: Kenntnis der genauen Fahrgeschwindigkeit.
▶ Prüfen, ob alle Düsen einwandfrei arbeiten;
▶ Spritzdruck für das gewünschte Aufwandvolumen (l/ha) einstellen;
▶ Düsen schließen und Wasser bis zu einer bestimmten Marke am Brühebehälter (am besten randvoll) auffüllen;
▶ Gerät einschalten und im Stand mit vorgegebenem Druck mindestens 2 Minuten arbeiten lassen;
▶ verbrauchte Wassermenge genau ermitteln.

$$\frac{\text{Wasserausstoß in (l/min)} \times 600}{\text{Arbeitsbreite in m} \times \text{Fahrgeschwindigkeit in km/h}} = \text{Wasserbedarf l/ha}$$

Beispiel Feldspritze:
$$\frac{40\,\text{l/min (Gesamtausstoß)} \times 600}{10\,\text{m (Arbeitsbreite)} \times 6\,\text{km/h (Fahrgeschwindigkeit)}} = 400\,\text{l/ha}$$

Beispiel Sprühgerät:
$$\frac{70\,\text{l/min (Gesamtausstoß)} \times 600}{3{,}5\,\text{m (Arbeitsbreite)} \times 6\,\text{km/h (Fahrgeschwindigkeit)}} = 2000\,\text{l/ha}$$

Beispiel Rückenspritze:

$$\frac{8 \text{ l/min (Gesamtausstoß)} \times 600}{2 \text{ m (Arbeitsbreite)} \times 4 \text{ km/h (Fahrgeschwindigkeit)}} = 600 \text{ l/ha}$$

Beispiel Bandspritzgeräte:

$$\frac{2 \text{ l/min (Gesamtausstoß)} \times 600}{1,5 \text{ m (Spritzbreite)} \times 5 \text{ km/h (Fahrgeschwindigkeit)}} = 160 \text{ l/ha}$$

Hinweise zu Meßverfahren 3:
Zur Ermittlung des Gesamtdüsenausstoßes l/min können selbstverständlich auch Durchflußmeßgeräte wie z. B. Quantitest, Quantocheck oder ähnliche Verwendung finden.
Über derartige Meßeinrichtungen für die Pflanzenschutz-Gerätekontrolle verfügen beispielsweise zahlreiche Landmaschinen-Fachbetriebe.

9.10 Ermitteln der Fahrgeschwindigkeit

- ▶ 100 m Meßstrecke genau abmessen;
- ▶ am Traktormeter ablesen, welcher Gang bei etwa 540 Umdrehungen pro Minute Zapfwellendrehzahl für eine Fahrgeschwindigkeit von 5–7 km/h in Frage kommt;
- ▶ Prüfstrecke mit fliegendem Start und eingeschaltetem Gerät überfahren;
- ▶ Fahrzeit je Prüfstrecke in Sekunden ermitteln.

$$\frac{\text{Länge der Meßstrecke in m} \times 3,6}{\text{Fahrzeit in Sekunden}} = \text{Fahrgeschwindigkeit in km/h}$$

Beispiel:

$$\frac{100 \text{ m (Meßstrecke)} \times 3,6}{60 \text{ Sekunden (Fahrzeit)}} = 6,0 \text{ km/h}$$

Besondere *Hinweise:*
Besteht die Gefahr größeren Schlupfes beim späteren Feldeinsatz, ist die Fahrzeit unter den echten Praxisbedingungen (also nicht auf der Straße) zu ermitteln. Beim Einsatz von Feldspritzen mit stärkeren Traktoren und Pumpen mit hohem Volumenstrom (l/min) kann u. U. die Motordrehzahl verringert werden.

9.11 Ermitteln der Aufwandmengen (g/m bzw. kg/ha) eines Reihenstreugerätes

Verfahren 1: Ermittlung durch Überfahren einer Meßstrecke

▶ Alle Behälter halbhoch befüllen und prüfen, ob alle Streuorgane einwandfrei arbeiten (dabei das auslaufende Granulat auffangen);
▶ aus der Streutabelle den für das betreffende Granulat, die gewünschte Ausbringmenge und die voraussichtliche Fahrgeschwindigkeit erforderlichen Dosierwert ablesen und einstellen;
▶ an allen Streuorganen z. B. Kunststoffbeutel befestigen und Meßstrecke von 100 m mit fliegendem Start überfahren;
▶ Gerät jeweils nur zwischen den Meßpunkten einschalten;

Alle aufgefangenen Mengen exakt wiegen und das Durchschnittsgewicht in g für eine Reihe errechnen.

$$\frac{\text{ausgebrachte Granulatmenge je Meßstrecke in g}}{\text{Länge der Meßstrecke in m}} = \text{Aufwandmenge g/m}$$

Beispiel:
$$\frac{150\,\text{g (ausgebrachte Menge je Reihe)}}{100\,\text{m (Länge des Meßstrecke)}} = 1{,}5\,\text{g/m}$$

Der Gesamtgranulataufwand kg/ha kann aus folgender Formel errechnet werden:

$$\frac{\text{ausgebrachte Menge je Meßstrecke und je Reihe in g} \times 10\,000}{\text{Länge der Meßstrecke in m} \times \text{Reihenentfernung in cm}} = \text{Aufwandmenge kg/ha}$$

Beispiel:
$$\frac{150\,\text{g (ausgebrachte Menge je Reihe)} \times 10\,000}{100\,\text{m (Länge des Meßstrecke)} \times 50\,\text{cm (Reihenentfernung)}} = 30\,\text{kg/ha}$$

Verfahren 2: Ermittlung im Stand

Voraussetzung: Kenntnis der genauen Fahrgeschwindigkeit.
▶ Alle Behälter halbvoll befüllen und prüfen, ob alle Streuorgane einwandfrei arbeiten (dabei das auslaufende Granulat auffangen);
▶ aus der Streutabelle den erforderlichen Dosierwert entnehmen und einstellen;

▶ an allen Streuorganen Kunststoffbeutel oder ähnliches befestigen und Gerät im Stand 1–2 Minuten mit eingestellter Drehzahl in Betrieb setzen;
▶ aufgefangene Granulatmengen wiegen und durchschnittliche Ausbringmenge g/min je Reihe errechnen.

$$\frac{\text{aufgefangene Granulatmenge (g/min) je Reihe} \times 6}{\text{Fahrgeschwindigkeit in km/h} \times 100} = \text{Granulataufwand g/m}$$

Beispiel:
$$\frac{150 \, \text{g/min (ausgebrachte Menge je Reihe)} \times 6}{6 \, \text{km/h} \times 100} = 1,5 \, \text{g/m}$$

Der Gesamtgranulatbedarf kg/ha kann mit folgender Formel errechnet werden:

$$\frac{\text{aufgefangene Granulatmenge (g/min) je Reihe} \times 60}{\text{Fahrgeschwindigkeit in km/h} \times \text{Reihenentfernung in cm}} = \text{Granulatbedarf kg/ha}$$

Beispiel:
$$\frac{150 \, \text{g/min (ausgebrachte Menge je Reihe)} \times 60}{6 \, \text{km/h} \times 50 \, \text{cm (Reihenentfernung)}} = 30 \, \text{kg/ha}$$

Hinweis zu Verfahren 1 und 2:
Das Errechnen der Aufwandmenge g/m bzw. kg/ha mit Hilfe der Formeln erübrigt sich, wenn geeignete Tabellen zum Ablesen der Werte zur Verfügung stehen.

9.12 Ermitteln der Einfüll- bzw. Nachfüllmengen bei Pflanzenschutzgeräten

Beispiel 1:
Gegeben sind: Behälternennvolumen 800 l
Restmenge im Behälter 0 l
Wasseraufwand je ha 300 l

Präparatbedarf je ha
Mittel A 1,5 kg
Mittel B 1,0 l

Frage: Wieviel l Wasser, wieviel kg vom Mittel A und wieviel l vom Mittel B sind für 2,5 ha Spritzfläche einzufüllen?

Antwort: Wasser: 300 l/ha × 2,5 ha = 750 l
Mittel A: 1,5 kg/ha × 2,5 ha = 3,75 kg
Mittel B: 1,0 l/ha × 2,5 ha = 2,50 l/ha

Beispiel 2:
Gegeben sind: Behälternennvolumen 800 l
Behältergesamtvolumen 850 l
Restmenge im Behälter 50 l
Brüheaufwand je ha 500 l
empfohlene Konzentration 0,15 %

Frage 1: Wieviel l bzw. kg Präparat müssen für eine neue Behälterfüllung zugeteilt werden?

Frage 2: Für wieviel ha reicht eine neue Faßfüllung, wenn der Behälter bis auf eine Restmenge von 20 l leergespritzt werden kann?

Berechnungsformel und Antwort zu 1:

$$\frac{\text{Wassernachfüllmenge l} \times \text{Konzentration \%}}{100}$$

$$\frac{800\,l \times 0{,}15\,\%}{100} = 1{,}2\,kg$$

Berechnungsformel und Antwort zu 2:

$$\frac{\text{verfügbare Brühemenge l} - \text{Restmenge l}}{\text{Brüheaufwand l/ha}}$$

$$\frac{850\,l\,(\text{Gesamtvolumen}) - 20\,l\,(\text{Restmenge})}{500\,l/ha\,(\text{Brüheaufwand})} = 1{,}66\,ha$$

Überprüfen Sie Ihr Wissen mit den Fragen 901–977.

10 Wichtige Rechtsgrundlagen zum Pflanzenschutz

Neben dem Gesetz zum Schutz der Kulturpflanzen (Pflanzenschutzgesetz) vom 14.5.1998 (BGBl. I, Seite 971) berührt den Pflanzenschutz eine ganze Reihe von weiteren Gesetzen und Verordnungen. Der besseren Übersicht wegen erfolgt eine Zuordnung dieser Rechtsvorschriften zu den einzelnen Bereichen des Pflanzenschutzes.

10.1 Persönliche Anforderungen für Anwender und Verkäufer von Pflanzenschutzmittel

- Gesetz zum Schutz der Kulturpflanzen (Pflanzenschutzgesetz) vom 14.5.1998 (BGBl. I, Seite 971).
- Pflanzenschutz-Sachkundeverordnung in der Fassung vom 14.10.1993 (BGBl. I, Seite 1720).
- Chemikalien-Verbotsverordnung vom 19.7.1996 (BGBl. I, Seite 1151).

10.2 Aufbewahrung, Lagerung und Transport von Pflanzenschutzmitteln

- Verordnung über gefährliche Stoffe (Gefahrstoffverordnung) in der Fassung vom 12.6.1998 (BGBl. I, Seite 1286).
- Gefahrgutverordnung Straße vom 12.12.1996 (BGBl. I, Seite 1898)

10.3 Verwendung geeigneter und einwandfrei arbeitender Pflanzenschutzgeräte

- Gesetz zum Schutz der Kulturpflanzen (Pflanzenschutzgesetz) vom 14.5.1998 (BGBl. I, Seite 971).
- Verordnung über Pflanzenschutzmittel und Pflanzenschutzgeräte (Pflanzenschutzmittelverordnung) in der Fassung vom 17.8.1998 (BGBl. I, Seite 2162).
- Verordnung über die Durchführung von Kontrollen an Pflanzenschutzgeräten vom 5.4.1993 (GVBl. Seite 233).

10.4 Anwender-, Verbraucher- und Umweltschutz

10.4.1 Allgemeine Regelungen
▶ Gesetz zum Schutz der Kulturpflanzen (Pflanzenschutzgesetz) vom 14.5.1998 (BGBl. I, Seite 971).
▶ Verordnung über Anwendungsverbote für Pflanzenschutzmittel (Pflanzenschutz-Anwendungsverordnung) in der Fassung vom 24.1.1997 (BGBl. I, Seite 60).

10.4.2 Schutz des Anwenders
▶ Verordnung über gefährliche Stoffe (Gefahrstoffverordnung) in der Fassung vom 12.6.1998 (BGBl. I, Seite 1286).

10.4.3 Schutz des Verbrauchers
▶ Gesetz über den Verkehr mit Lebensmitteln, Tabakerzeugnissen, kosmetischen Mitteln und sonstigen Bedarfsgegenständen (Lebensmittel- und Bedarfsgegenständegesetz) in der Fassung vom 9.9.1997 (BGBl. I, Seite 2296).
▶ Verordnung über Höchstmengen an Pflanzenschutz- und sonstigen Mitteln sowie anderen Schädlingsbekämpfungsmitteln in oder auf Lebensmitteln und Tabakerzeugnissen (Rückstands-Höchstmengenverordnung) in der Fassung vom 26.9.1997 (BGBl. I, Seite 2366).

10.4.4 Schutz des Wassers
▶ Gesetz zum Schutz der Kulturpflanzen (Pflanzenschutzgesetz) vom 14.5.1998 (BGBl. I, Seite 971).
▶ Gesetz zur Ordnung des Wasserhaushaltes (Wasserhaushaltsgesetz) in der Fassung vom 25.8.1998 (BGBl. I, Seite 2455).
▶ Bayerisches Wassergesetz in der Fassung vom 23.2.1999 (GVBl. Seite 36).
▶ Verordnung über Trinkwasser und über Wasser für Lebensmittelbetriebe (Trinkwasserverordnung) in der Fassung vom 1.4.1998 (BGBl. I, Seite 699).
▶ Verordnung über Anwendungsverbote für Pflanzenschutzmittel (Pflanzenschutz-Anwendungsverordnung) in der Fassung vom 24.1.1997 (BGBl. I, Seite 60).

10.4.5 Schutz der Bienen

▶ Verordnung über Anwendung bienengefährlicher Pflanzenschutzmittel (Bienenschutzverordnung) vom 27. 7. 1992 (BGBl. I, Seite 1410).

10.4.6 Artenschutz

▶ Gesetz über Naturschutz und Landschaftspflege (Bundesnaturschutzgesetz) in der Fassung vom 21. 9. 1998 (BGBl. I, Seite 2994).
▶ Gesetz über den Schutz der Natur, die Pflege der Landschaft und die Erholung in der freien Natur (Bayerisches Naturschutzgesetz) in der Fassung vom 18. 8. 1998 (GVBl. Nr. 17/1998 Seite 593).
▶ Erlaß von Vorschriften auf dem Gebiet des Artenschutzes (Bundesartenschutzverordnung vom 14. 10. 1999, BGBl. I, S. 1955).
▶ Tierschutzgesetz in der Fassung vom 25. 5. 1998 (BGBl. I, Seite 1105).

10.5 Beseitigung von Pflanzenschutzmittelresten und -behältnissen

▶ Gesetz zur Vermeidung, Verwertung und Beseitigung von Abfällen (Kreislaufwirtschafts- und Abfallgesetz) vom 27. 9. 1994 (BGBl. I, Seite 2705).

11 Erklärung wichtiger Pflanzenschutzbegriffe

Abtrift: Unerwünschtes Verwehen von Spritzflüssigkeit bei der Applikation.
ADI-Wert (von engl. **a**cceptable **d**aily **i**ntake = annehmbare tägliche Aufnahme): Tägliche Höchstdosis eines Pflanzenschutzmittel-Rückstandes (mg/kg Körpergewicht), die bei lebenslanger Aufnahme ohne Einfluß auf die Gesundheit bleibt.
Akarizid: Mittel gegen Spinnmilben.
Akkumulierung: Anhäufung, Anreicherung z. B. eines Herbizides im Boden, wenn mehrere Applikationen so rasch aufeinander folgen, daß in der Zwischenzeit kein vollständiger Abbau erfolgen kann.
Akute Wirkung: Schnell ein-(auf-)tretend, in der Pflanzenschutztoxikologie: Giftigkeit. Wirkung eines Mittels nach einmaliger Aufnahme.
Anfälligkeit: Unfähigkeit der Pflanze, dem Angriff eines Erregers oder eines Schadverursachers zu widerstehen; steht im umgekehrten Verhältnis zur Resistenz.
Antagonismus: Gegenwirkung z. B. zweier Substanzen oder Organismen.
Antibiotika: Vor allem von Bakterien und Pilzen gebildete Stoffe, die Mikroorganismen abtöten oder ihr Wachstum hemmen.
Antidot: Gegenmittel bei Vergiftungen.
Antikoagulantien: Stoffe, die die Blutgerinnung hemmen.
Applikation: Anwendung eines Pflanzenschutzmittels.
Arthropoden: Gliederfüßler, artenreicher Stamm der Gliedertiere (unter den Schädlingen vor allem Insekten und Milben).
Atemgift: Mittel, das über die Atmungsorgane in den Körper gelangt und von dort aus seine Wirkung entfaltet.
Attractant: Lockstoff; Substanz, die geeignet ist, Schädlinge anzulocken. Zur Herstellung von Ködermitteln verwendet.
Auflaufen: Landwirtschaft: Keimen der Nutzpflanzen, z. B. bei Getreide, wenn die jungen Pflanzen mit ihren ersten Blättern sichtbar werden.
Aufwandmenge: Die zur Bekämpfung von Schädlingen oder Pflanzenkrankheiten notwendige Menge eines Mittels in der erforderlichen Konzentration, z. B. pro Raumeinheit (Gewächshaus), Fläche, Bodenmenge.
Bakterizid: Mittel, das Bakterien tötet.
Basal: Unten gelegen (z. B. am Halmgrund).
Bazillen: Aerobe, stäbchenförmige und sporenbildende Bakterien.
BBA: Biologische **B**undes**a**nstalt für Land- und Forstwirtschaft, Braunschweig (Bundesoberbehörde für den Pflanzenschutz im Geschäftsbereich des Bundesministers für Ernährung, Landwirtschaft und Forsten).

Beizen: Aufbringen von Pflanzenschutzmitteln, vor allem Fungiziden, in fester oder flüssiger Form auf Saatgut.

BgVV: **B**undesinstitut für **g**esundheitlichen **V**erbraucherschutz und **V**eterinärmedizin (früher: Bundesgesundheitsamt).

Bienenschutzverordnung: Im Rahmen des Pflanzenschutzgesetzes erlassene Verordnung für die Anwendung, Handhabung und Aufbewahrung bienengefährlicher Pflanzenschutzmittel, die nicht an blühenden Pflanzen angewendet werden dürfen.

Biologische Schädlingsbekämpfung: Bekämpfung von Schädlingen durch Einsatz ihrer natürlichen Feinde (Nützlinge, Krankheitserreger) oder Aussetzen unfruchtbar gemachter Männchen.

Bioregulatoren: Natürliche Gegenspieler von Schadorganismen (sind wesentlich an der Begrenzung deren Massenvermehrung beteiligt).

Biosphäre: Der von Lebewesen besiedelte Raum der Erdkugel, der die oberste Schicht der Erdkruste (einschließlich des Wassers) und die unterste Schicht der Atmosphäre umfaßt.

Biotop: Lebensraum oder Standort von Tieren und Pflanzen, z. B. Trockenhang, Seeufer, Almwiese. Beherbergt eine bestimmte Lebensgemeinschaft oder Biozönose.

Biozid (= »Lebenstöter«): Bezeichnung für lebenstötende Substanz im weitesten Sinn (nicht identisch mit Pestiziden bzw. Pflanzenschutzmitteln).

Biozönose: Die Gesamtheit der Pflanzen und Tiere, die in vielfältigen Wechselbeziehungen untereinander in einem einheitlichen Lebensraum leben.

Blattherbizid: Unkrautbekämpfungsmittel, das bei Aufnahme durch die Blätter wirkt.

Bodenapplikation: Applikation eines Mittels in oder auf den Boden.

Bodenentseuchung: Bekämpfung von Schädlingen im Boden durch Wasserdampf, Hitze oder Chemikalien.

Bodenbürtig: Im Boden vorhanden.

Bodenherbizid: Unkrautbekämpfungsmittel, das bei Aufnahme durch die Wurzel wirkt.

Brandkrankheiten: Eine Gruppe von Pilzkrankheiten auf verschiedenen Kulturpflanzen (z. B. Beulenbrand auf Mais), bei denen als gemeinsames Merkmal ein schwärzliches Sporenpulver auftritt.

Carcinogen: Krebserzeugend.

Chemischer Pflanzenschutz: Schutz von Kulturpflanzen durch Bekämpfung von Schädlingen, Krankheiten und Unkräutern mit Chemikalien synthetischer oder natürlicher Herkunft.

Chemosterilantien: Chemikalien, die zur Unfruchtbarmachung benutzt werden, z. B. bei Insekten, Milben, Nagetieren.

Chlorierte Kohlenwasserstoffe: Chlorhaltige organische Verbindungen: Lösungsmittel, Kühl- und Isoliermittel und Weichmacher (PCB), auch Pflanzenschutz- und Schädlingsbekämpfungsmittel-Wirkstoffe.

Chlorose: Entfärbung (Vergilbung) von normalerweise grünem Gewebe infolge Chlorophyllzerstörung oder geringer Chlorophyllbildung.

Chronische Wirkung: Wirkung eines Mittels bei wiederholter Aufnahme über sehr lange Zeit.

Dauersporen: Dickwandige Sporen, die auch unter ungünstigen Umständen längere Zeit lebensfähig bleiben.

DDT Dichlor-**d**iphenyl-**t**richlorethan: Von P. MÜLLER, Schweiz (Nobelpreis 1948), in seiner Wirkung und Anwendbarkeit erforschtes, sehr aktives Kontakt-Insektizid aus der Gruppe der chlorierten Kohlenwasserstoffe. Hat u. a. in vielen Ländern eine drastische Reduzierung der Malariafälle bewirkt. Auch im Agrarsektor gegen eine Vielzahl von Schädlingen erfolgreich eingesetzt. Wegen seiner Beständigkeit (Persistenz) bei hoher Wirksamkeit trotz geringer Giftigkeit in der Bundesrepublik Deutschland seit vielen Jahren in seiner Herstellung und Anwendung stark eingeschränkt und schließlich verboten (1972).

Desinfektion: Vernichten von Mikroorganismen, vor allem von Krankheitserregern.

Disposition: Krankheitsbereitschaft.

Dosierung: Bemessen einer Menge, Dosis.

Ektoparasit: Parasit, der sich im wesentlichen auf der Oberfläche der Pflanze entwickelt und sich von außen von seinem Wirt ernährt.

Emission: Die von einer Anlage (z. B. Kraftwerk) in die Luft oder in das Wasser gelangenden festen, flüssigen oder gasförmigen Stoffe; ferner Wärme, Geräusche, Licht, Erschütterungen.

Emulsion: Feinste Verteilung einer Flüssigkeit in einer anderen, in der sie nicht löslich ist.

Endoparasit: Im Inneren eines Organismus lebender Parasit.

Entwesung: Vernichten von Schädlingen in einem Raum.

Epidemie: Ungewöhnlich starkes Auftreten einer Infektionskrankheit innerhalb einer begrenzten Zeitspanne; E. kann mehr oder weniger lokal begrenzt sein (z. B. Krautfäule bei der Kartoffel) oder kontinentales Ausmaß annehmen (z. B. Getreideroste).

EPPO (englisch: **E**uropean and Mediterranean **P**lant **P**rotection **O**rganization): Pflanzenschutz-Organisation für Europa und den Mittelmeerraum, der Regierungsvertreter aus 35 Ländern angehören.

FAO (englisch: **F**ood and **A**griculture **O**rganization): Ernährungs- und Landwirtschaftsorganisation der Vereinigten Nationen (UN), gegründet 1945 in Quebec, Sitz Rom. Aufgaben: Technische Hilfsdienste für Entwicklungsgebiete, Verbesserung der landwirtschaftlichen Erzeugung und Verteilung. Organe: Welternährungsrat, Konferenz der Mitgliedstaaten der UN.

Fauna: Tierwelt.

Flora: Pflanzenwelt.

Formulierung: Im Pflanzenschutz oder in der Chemie: Zubereitung, Aufbereitung eines Wirkstoffes, z. B. in flüssiger, pastöser oder fester Form.

Fraßgift: Wirkstoff, der über den Verdauungstrakt wirkt, z. B. Rattengift, bestimmte Insektizide. Gegensatz: Kontaktgift.
Fruchtkörper: Einfaches bis sehr differenziertes Hyphengeflecht von Pilzen, welches Sporen enthält und trägt.
Fruchtfolge: Folge von verschiedenen Kulturen auf der gleichen Anbaufläche.
Fungizid: Mittel, das Pilze tötet.
Gallen: Gewebebewucherungen der Pflanze auf den Reiz eines Fremdorganismus; kein selbständiges Wachstum, zur Bildung ist die Anwesenheit des Erregers erforderlich.
Gefahrensymbole: Kennzeichnung von Chemikalien hinsichtlich ihrer Giftigkeit (T+, T, C, Xn, Xi = Kennbuchstaben).
Granulat: Ein Mittel in fester, körniger Form.
Haftmittel: Hilfsstoff, der die Haftfähigkeit von Stäube- und Spritzbelägen verbessert.
Haustorium: Pilzliches Organ, dient der Nährstoffversorgung des Erregers aus der lebenden Pflanzenzelle.
Hemmstoffe: Das Wachstum hemmende Substanzen; Antagonisten (Antagonismus) der Wuchsstoffe, z. T. mit diesen chemisch verwandt.
Herbizid: Mittel, das Unkräuter vernichtet.
Höchstmenge: In mg/kg (ppm) angegebene, gesetzlich zugelassene Menge von Stoffen, z. B. von Pflanzenschutzmittel-Wirkstoffen, Wachstumsreglern, Schwermetallen, die beim Inverkehrbringen in oder auf pflanzlichen und tierischen Nahrungsmitteln höchstens vorkommen darf; Rückstands-Höchstmengenverordnung.
Immissionen: Einwirkung schädlicher Luftverunreinigungen auf Pflanzen bzw. Umwelt.
Infektion: Prozeß der Eindringung und Festsetzung (Stabilisierung) eines Erregers in der Wirtspflanze.
Infektionszeit: Zeitspanne von Beginn des Erregerangriffs auf die Pflanze bis zum Erreichen eines stabilen parasitischen Verhältnisses.
Inkubationszeit: Schließt die Infektionszeit ein und reicht darüber hinaus bis zum Auftreten der Krankheitssymptome.
Innertherapeutische Wirkung: Siehe systemische Wirkung
Insektizid: Mittel, das Insekten tötet.
Integrierter Pflanzenschutz: Eine Kombination von Verfahren, bei denen unter vorrangiger Berücksichtigung biologischer, biotechnischer, pflanzenzüchterischer sowie anbau- und kulturtechnischer Maßnahmen die Anwendung chemischer Verfahren auf das notwendige Maß beschränkt wird.
Juvenilhormon: Hormon, das an der Steuerung der Entwicklung von Insekten beteiligt ist. In der integrierten Schädlingsbekämpfung wird es so eingesetzt, daß es den Entwicklungszyklus stört.
Karenzzeit: Siehe Wartezeit
Karzinogen (kanzerogen): Krebserregend.

Kennbuchstaben: Siehe Gefahrensymbole
Ködermittel: Mittel, das neben der Aktivsubstanz eine vom zu bekämpfenden Schädling als Nahrung bevorzugte Substanz oder einen spezifischen Lockstoff enthält.
Kontaktgift: Berührungsgift; Mittel, das durch bloße Berührung in tödlicher Dosis in den Körper eindringt, also nicht auf die Aufnahme durch den Magen-Darm-Trakt oder die Atemwege angewiesen ist.
Kontamination: Verunreinigung mit Fremdstoffen.
Konzentration: Anteil einer Komponente im Gemisch (Gehaltsangabe); z. B. Gew.-%, Vol.-%, g/l (Gramm pro Liter), mg/kg (Milligramm pro Kilogramm).
Krankheitszyklus: Kette aufeinanderfolgender Ereignisse im Krankheitsablauf mit den Entwicklungsstadien des Erregers und den Auswirkungen auf den Wirt.
Kumulativ: Anhäufend.
Kurative Wirkung: Therapeutische Wirkung; heilende Wirkung auf eine schon ausgebrochene Krankheit.
Larvizid: Larven tötendes Mittel.
Latente Infektion: Stadium, in dem eine Pflanze von einem Erreger infiziert ist, aber noch keine Symptome zeigt.
LD 50 (= **L**etale **D**osis): Dosis eines Stoffes, bei der nach einmaliger Verabreichung 50 % der Versuchstiere getötet werden. Dient als Maßstab für die akute Giftigkeit einer Substanz.
Leitunkraut: Unkrautart, die auf einem Standort vorherrscht oder besonders bekämpfungswürdig ist (z. B. Klettenlabkraut).
Lockstoffe: Pheromone, z. B. zur Anlockung von Insekten, Sexuallockstoffe, die arteigen bei Insekten der Anlockung des Geschlechtspartners dienen und noch in sehr großer Verdünnung über weite Entfernung wirksam sind. Attractants.
Lückenindikation: Anwendungsgebiete, für die keine Pflanzenbehandlungsmittel zugelassen sind.
Mikroorganismen: Pilze und Bakterien (im weiteren Sinne auch Viren).
Molluskizid: Mittel, das Mollusken, insbesondere Schnecken abtötet.
Monokotyle: Einkeimblättrige Pflanzen (z. B. Gräser, Getreide). Gegensatz: Dikotyle = zweikeimblättrige Pflanzen (z. B. Klettenlabkraut).
Monokultur: Fortwährender Anbau derselben Pflanzenart auf derselben Fläche.
Mutagen: Erbgutverändernd.
Mykorrhiza: Wurzelsymbiosen, bei denen Pilze mit den Wurzeln der Pflanzen vergesellschaftet sind; ektotrophe Mycorrhiza: Pilze wachsen vorwiegend außerhalb, endotrophe Mycorrhiza: Pilze wachsen vorwiegend innerhalb der Wurzeln.
Mykotoxine: Giftstoffe, die von Pilzen gebildet werden.
Myzel: Gesamtheit der Hyphen (»Pilzfäden«), die den Thallus (= Vegetationskörper) eines Pilzes ausmacht.

Nachauflaufbehandlung: Behandlung einer Kultur, die schon aufgelaufen ist (d. h. von der schon Pflanzenteile über der Bodenoberfläche erschienen sind), oder Bekämpfung von Unkraut, das schon aufgelaufen ist.
Nahrungskette: Kette der vorhandenen lebenden Organismen, wobei die kleinen Lebewesen von den größeren gefressen werden, z. B. Wasserfloh – Weißfisch – Raubfisch – Seeadler. Von Bedeutung, weil sich Schadstoffe, z. B. auch persistente Pflanzenschutzmittel, in der Nahrungskette anreichern können.
Naturhaushalt: Seine Bestandteile Boden, Wasser, Luft, Tier- und Pflanzenarten sowie das Wirkungsgefüge zwischen ihnen.
Negativprognose: Voraussage eines Zeitpunktes, bis zu dem eine Pflanzenkrankheit (z. B. die Kraut- und Knollenfäule der Kartoffel) nicht auftreten wird. Erst wenn bestimmte Summen stündlicher Temperaturwerte bei hohen Luftfeuchten einen gewissen Schwellenwert erreicht haben, beginnt die Entwicklung der Krautfäule. Durch die Negativprognose können vorbeugende Spritzungen eingespart werden.
Nekrose: Abgestorbene Zellen oder Gewebe mit brauner Verfärbung.
Nervengift: Gift, das über das Nervensystem z. B. bei Insekten wirkt.
Nematizid: Mittel, das Nematoden tötet.
Netzmittel: Stoffe, die die Oberflächenspannung von Flüssigkeiten verringern, so daß diese sich auf Oberflächen (z. B. Blätter) besser verteilen können (Verbesserung der Benetzbarkeit).
No-effect-level (englisch): Menge einer Substanz, die bei täglicher Aufnahme weder funktionelle Störungen noch strukturelle Veränderungen am Versuchstier verursacht; bei oraler Aufnahme (durch den Mund) wird diese Menge in mg/kg Körpergewicht/Tag ausgedrückt (siehe auch ADI-Wert; der ADI-Wert ist rund 1/100 des no-effect-level).
Nützlinge: Freilebende Tiere, die dem Menschen in irgendeiner Weise nützlich sind, z. B. im Rahmen der biologischen Schädlingsbekämpfung.
Ökologie: Wissenschaft von den Beziehungen der Lebewesen untereinander und zur unbelebten Umwelt.
Ökologisch: Auf die Umwelt bezogen.
Ökologisches Gleichgewicht: Zustand der Beziehungen der belebten und unbelebten Umwelt zueinander. Es unterliegt einer Dynamik mit unbestimmtem Ausgang.
Ökosystem: Vernetztes Wirkungsgefüge von Lebewesen in ihrem gemeinsamen Lebensraum.
Oral: Aufnahme durch den Mund.
Ovizid: Mittel, das Eier abtötet.
Parasit: Organismus oder Virus, der auf oder in einem anderen lebenden Organismus lebt und von ihm Nahrung oder eine andere Leistung ohne gleichwertige Gegenleistung bezieht.
Pathogen: Krankheitserreger; krankheitserregend.
Perkutan: Aufnahme durch die Haut.

Persistent: Ausdauernd, anhaltend, z. B. in bezug auf Dauer der Infektionsfähigkeit von Viren im Vektor oder auf die Abbaugeschwindigkeit von Pflanzenschutzmitteln.
Pestizide (englisch: pesticide = Schädlingsbekämpfungsmittel): Häufig als Sammelbegriff für chemische Pflanzenschutzmittel verwendet.
Pflanzenhygiene: Vorbeugende Maßnahmen zur Gesunderhaltung der Nutzpflanzen (Sortenwahl, standortgerechter Anbau, Fruchtfolge, Bodenbearbeitung, Düngung, Bewässerung usw.)
Pflanzenschutz: Schutz der Kulturpflanzen vor Pflanzenkrankheiten, Schädlingen und Standortkonkurrenten sowie Schutz pflanzlicher Vorräte vor Verderbnis (Vorratsschutz).
Pflanzenschutzdienst: Die nach Landesrecht für die Durchführung des Pflanzenschutzgesetzes zuständigen Behörden oder Stellen.
Pflanzenschutzmittel: Stoffe, die dazu bestimmt sind, Pflanzen oder Pflanzenerzeugnisse vor Schadorganismen oder nicht-parasitären Beeinträchtigungen zu schützen oder die Lebensvorgänge von Pflanzen zu beeinflussen, ohne ihrer Ernährung zu dienen.
Pflanzenstärkungsmittel: Stoffe, die ausschließlich dazu bestimmt sind, die Widerstandsfähigkeit von Pflanzen gegen Schadorganismen zu erhöhen.
Pheromon: Spezifischer Duftstoff, z. B. Sexualduftstoff von Insekten, der in der Schädlingsbekämpfung als Lockstoff verwendet wird.
Physiologische Erkrankungen: Nichtparasitäre Krankheiten, z. B. als Folge von Nährstoffmangel oder ungünstigen Witterungseinflüssen.
Phytohormon: Pflanzlicher Wuchsstoff; Pflanzenhormon, das das Wachstum steuert. In der Unkrautbekämpfung wird es so eingesetzt, daß es zu Störungen des Wachstums führt.
Phytomedizin: Wissenschaft von den kranken und beschädigten Pflanzen und der Fertigkeit, sie gesund zu erhalten oder zu heilen. Ihr Aufgabenbereich geht damit weit über denjenigen der traditionellen Pflanzenpathologie hinaus.
Phytopathologie: Die Lehre von den Pflanzenkrankheiten.
Phytotoxizität: Giftwirkung eines Mittels auf Pflanzen.
Population: Gesamtheit aller Organismen einer bestimmten Art in einem bestimmten Gebiet.
Populationsdynamik: Schwankungen der Populationsdichte und -verteilung einer Tierart in Abhängigkeit von Umweltfaktoren und arteigenen Steuerungsmechanismen.
Ppm (**p**arts **p**er **m**illion): Teile pro Million, z. B. 1 g auf 1000 kg oder 1 cm^3 auf 1 m^3.
Prädator: Nützling; nützliches Insekt oder anderes Tier, das bestimmte Schädlinge auf Kulturen frißt oder parasitiert.
Präventive Wirkung (prophylaktische Wirkung): Vorbeugende Wirkung gegen den Ausbruch einer Krankheit.

Problemunkräuter: Diejenigen Unkräuter einer Unkrautgemeinschaft, die durch Herbizide weniger gut bekämpft werden und sich deshalb übermäßig ausbreiten können.

Prognose: Vorhersage über die voraussichtliche Entwicklung eines Schaderregers und des zu erwartenden Schadens (Schadensprognose).

Quarantäne: Staatliche Kontroll- und Absperrmaßnahme, um Ein- und Verschleppung von Schadorganismen zu verhindern.

Räuchermittel: Mittel, das beim Verbrennen oder Verschwelen einen wirkstoffhaltigen Rauch zur Bekämpfung von Schädlingen abgibt. Verwendung meist in geschlossenen Räumen.

Repellent: Abschreckmittel; Mittel, das Schädlinge davon abschreckt, sich auf einer damit behandelten Fläche niederzulassen oder von einer damit behandelten Pflanze zu fressen.

Resistenz: Widerstandsfähigkeit einer Pflanze oder eines Tieres gegen einen Schaderreger oder gegen eine bestimmte Substanz.

Rodentizid: Mittel, das Nagetiere, insbesondere Ratten und Mäuse, tötet.

R-Satz: Hinweis in der Gefahrstoffverordnung auf besondere Gefahren.

Rückstände: Reste bzw. Abbauprodukte, z. B. von Pflanzenschutzmitteln, Fremd- und Zusatzstoffen in und auf Nahrungs- bzw. Futtermitteln. Im Pflanzenschutz: Siehe Wartezeiten, siehe Höchstmengenverordnung.

Samenbürtig: In oder auf dem Samen vorhanden.

Saprophyt: Von totem organischem Substrat, das er nicht selbst abgetötet hat, lebender Organismus.

Schädling: Schaderreger, tierischer oder pflanzlicher Organismus (inbegriffen Viren), der durch seine Lebensweise, seine Ernährung, seinen Standort oder auf andere Weise dem Menschen, seinen Kulturen, Haustieren, Vorräten, Bauwerken usw. Schaden zufügt.

Schwächeparasiten: Krankheitserreger, die bevorzugt schon geschwächte Wirtspflanzen befallen.

Selektivität: Auswahlvermögen, Trennschärfe, spezifische Wirkung eines Pflanzenschutzmittels oder -verfahrens gegen nur eine Art (bzw. Gruppe) von Schadorganismen.

S-Satz: Sicherheitsratschlag in der Gefahrstoffverordnung.

Suspension: Gleichmäßige feine Verteilung eines unlöslichen festen Stoffes in einer Flüssigkeit.

Symptom: Die äußeren oder inneren Reaktionen und Veränderungen der Pflanze nach Erregerbefall oder Beschädigung.

Synergistisch: Sich gegenseitig beeinflussend im Sinne einer gesteigerten, unter Umständen neuartigen Wirkung.

Synthetisch: Künstlich (im Gegensatz zu natürlich).

Systemische Wirkung: Innertherapeutische Wirkung; Wirkung eines Mittels nach Eindringen in das pflanzliche Gewebe und Transport in den Leitungsbahnen der Pflanze.

Teratogen: Gewebeverändernd.

Toleranz:
1. Fähigkeit eines Organismus, Krankheitsbefall ohne starke Schädigung zu ertragen,
2. Gesetzlich geduldete Höchstmenge an Rückständen eines Pflanzenbehandlungsmittels.

Totalherbizid: Herbizid, das alle Pflanzen vernichtet.
Toxikologie: Lehre von den Giften und ihren Wirkungen.
Toxin: Bezeichnung für giftige Naturstoffe, z. T. mit unbekannter chemischer Struktur und unspezifischer Wirkung. Die meisten Toxine werden von Bakterien und Pilzen gebildet.
Toxizität: Giftigkeit einer Substanz.
Akute Toxizität: Giftigkeit eines Präparates bei einmaliger Aufnahme.
Subakute Toxizität: Giftigkeit bei mehrmaliger Aufnahme kleiner Mengen.
Chronische Toxizität: Giftigkeit eines Präparates, das in wiederholten Dosen verabreicht wird und bei einmaliger Gabe noch unwirksam ist.
ULV-Technik (Ultra low volume): Applikationstechnik, bei der das Mittel sehr wenig oder gar nicht verdünnt mit Spezialgeräten vom Boden oder aus der Luft in äußerst feiner Verteilung ausgebracht wird.
Umweltfaktoren: Die auf einen Organismus einwirkenden Einflüsse der Umwelt (ökologische Faktoren); gegliedert in abiotische und biotische Faktoren.
Umweltschutz: Alle Maßnahmen zur Sicherung und Erhaltung der unbelebten und belebten Natur. Die hierzu notwendige Umweltplanung in bezug auf die erforderliche Umweltqualität orientiert sich an den Bedürfnissen der Menschen.
Vektor: Organismus, der Erreger überträgt.
Virose: Eine durch eine Virusart hervorgerufene Krankheit.
Vorratsschädling: Tierische Organismen, die an gelagerten Lebensmitteln und anderen Vorräten wie Wolle, Fellen, Holz Verluste verursachen.
Vorratsschutz: Schutz geernteter Pflanzenerzeugnisse vor Schadorganismen. Weltweit gehen beispielsweise jährlich ca. 25 % der Getreideernte durch Vorratsschädlinge verloren.
Vorsaat-, Vorauflauf- und **Nachauflaufmittel:** Unkrautbekämpfungsmittel, die entweder vor der Saat, vor dem Auflaufen bzw. nach dem Auflaufen der Kulturpflanzen zur Anwendung kommen.
Wachstumsregler: Stoffe, die dazu bestimmt sind, die Lebensvorgänge von Pflanzen zu beeinflussen, ohne ihrer Ernährung zu dienen und ohne sie zum Absterben zu bringen.
Warndienst: Kurzfristige Voraussage des Auftretens von Schädlingen und Krankheiten in Verbindung mit termingerechten Empfehlungen für gezielte, wirtschaftlich sinnvolle und tragbare Pflanzenschutzmaßnahmen, die der amtliche Pflanzenschutzdienst über Presse, Rundfunk, Telefon, Fax oder Online-Dienste sowie durch schriftliche Benachrichtigungen verbreitet.

Wartezeit (auch Karenzzeit): Mindestzeit, die zwischen der letzten Anwendung eines Pflanzenschutzmittels bei Kulturpflanzen und deren Ernte einzuhalten ist. Die verwendeten Pflanzenschutzmittel werden innerhalb der Wartezeit auf oder unter die erlaubte Höchstmenge abgebaut.

WHO (**W**orld **H**ealth **O**rganization): Welt-Gesundheits-Organisation, eine Organisation der Vereinten Nationen.

Wirkstoff: Die wirksame Substanz eines chemischen Präparates; im Pflanzenschutzmittel eingebettet in unterschiedlichen Aufbereitungen (Formulierungen) wie Staub, Emulsion, Granulat, Spritzpulver, Suspensionskonzentrat.

Wirkungsspektrum: Umfang der Wirkung bezogen auf die Anzahl der Arten und Entwicklungsstadien, die von einem bestimmten Mittel bekämpft werden.

Wirt: Pflanze, von der ein Parasit oder Symbiont seine Nahrung bezieht.

Wirtschaftliche Schadensschwelle: Schadensgrenze, die gegeben ist, wenn der durch einen Schaderreger zu erwartende Schaden genauso groß ist wie die Kosten, die für seine Abwehr entstanden wären, d. h., ein Schaden wird erst wirtschaftlich spürbar, wenn er größer ist als die Kosten für seine Bekämpfung. Die Ausnutzung der wirtschaftlichen Schadensschwelle ist ein wichtiges Merkmal des Integrierten Pflanzenschutzes.

Wundparasit: Erreger, der nur über eine Wunde eine Pflanze infizieren kann.

Zusatzstoffe: Im Pflanzenschutz als Haft- und Netzmittel den Pflanzenschutzmitteln zugesetzt, um ihre Eigenschaften oder ihre Wirkungsweise zu verändern. Sie dürfen nur in den Verkehr gebracht werden, wenn sie in eine Liste der Biologischen Bundesanstalt aufgenommen worden sind.

12 Zentralen des Pflanzenschutzdienstes

Baden-Württemberg:
Landesanstalt für Pflanzenschutz
Reinsburgstraße 107
70197 Stuttgart
Tel.: (0711) 66 42-401
Fax: (0711) 66 42-499

Bayern:
Bayer. Landesanstalt für Bodenkultur und Pflanzenbau (LBP)
Menzinger Straße 54
80638 München
Tel.: (089) 17 800-0
Fax: (089) 17 800-233

Berlin:
Pflanzenschutzamt Berlin
Mohriner Allee 137
12347 Berlin
Tel.: (030) 70 00 06-6
Fax: (030) 70 00 06-55

Brandenburg:
Landesamt für Ernährung, Landwirtschaft und Flurneuordnung
Pflanzenschutzdienst
Ringstraße 1010
15236 Frankfurt-Markendorf
Tel.: (0335) 52 17-0
Fax: (03 35) 52 17-3 70

Bremen:
Der Senator für Frauen, Gesundheit, Soziales und Umweltschutz
Pflanzenschutzdienst
Hanseatenhof 5
28195 Bremen
Tel.: (0421) 361-60 65
Fax: (04 21) 361-48 08

Hamburg:
Institut für Botanik der Universität Hamburg
Pflanzenschutzamt Hamburg
Marseiller Straße 7
20335 Hamburg
Tel.: (040) 42 838-23 59
Fax: (040) 42 838-65 93

Hessen:
Hessisches Landesamt für Regionalentwicklung
und Landwirtschaft – Pflanzenschutzdienst –
Frankfurter Straße 69
35578 Wetzlar
Tel.: (06 441) 92 89-0
Fax: (06 441) 92 89-494 oder -497

Mecklenburg-Vorpommern:
Landespflanzenschutzamt Mecklenburg-Vorpommern
Sitz Rostock
Graf-Lippe-Straße 1
18059 Rostock
Tel.: (03 81) 491 23-0
Fax: (03 81) 492 26 65

Niedersachsen:
Landwirtschaftskammer Hannover – Pflanzenschutzamt
Wunstorfer Landstraße 9
30453 Hannover
Tel.: (05 11) 40 05-0
Fax: (05 11) 40 05-120

Landwirtschaftskammer Weser-Ems – Pflanzenschutzamt
Sedanstraße 4
26121 Oldenburg
Tel.: (04 41) 8 01-1
Fax: (04 41) 8 01-777

Nordrhein-Westfalen:
Pflanzenschutzamt der Landwirtschaftskammer Rheinland
Siebengebirgsstraße 200
53229 Bonn
Tel.: (02 28) 4 34-0
Fax: (02 28) 4 34-102

Pflanzenschutzdienst
der Landwirtschaftskammer Westfalen-Lippe
Nevinghoff 40
48147 Münster
Tel.: (02 51) 23 76-626
Fax: (02 51) 23 76-644

Rheinland-Pfalz:
Landesanstalt für Pflanzenbau und Pflanzenschutz
Essenheimer Straße 144
55128 Mainz
Tel.: (061 31) 99 30-0
Fax: (061 31) 99 30-80

Saarland:
Landwirtschaftskammer für das Saarland – Pflanzenschutz
Lessingstraße 12
66121 Saarbrücken
Tel.: (06 81) 665 05-0
Fax: (06 81) 665 05-12

Sachsen:
Sächsische Landesanstalt für Landwirtschaft,
Fachbereich Integrierter Pflanzenschutz
Stübelallee 2
01307 Dresden
Tel.: (03 51) 440 83-0
Fax: (03 51) 440 83-25

Sachsen-Anhalt:
Landespflanzenschutzamt Sachsen-Anhalt, Halle
Lerchenwuhne
39128 Magdeburg
Tel.: (03 91) 25 69-0
Fax: (03 91) 25 69-402

Schleswig-Holstein:
Ministerium für ländliche Räume, Landwirtschaft, Ernährung und
Tourismus – Referat: Pflanzenschutz und amtliche Pflanzenbeschau
Düsternbrooker Weg 104
24105 Kiel
Tel.: (04 31) 988-49 45
Fax: (04 31) 988-52 22

Thüringen:
Thüringer Landesanstalt für Landwirtschaft Jena
Referat Pflanzenschutz
Kühnhäuser Straße 101
99189 Erfurt-Kühnhausen
Tel.: (03 62 01) 817-0
Fax: (03 62 01) 817-40

13 Verzeichnis von Informations- und Behandlungszentren für Vergiftungsfälle in der Bundesrepublik Deutschland
(Stand: März 1998)

Zentren mit durchgehendem 24-Stunden-Dienst

BERLIN:
Information und Beratung
Beratungsstelle für Vergiftungserscheinungen
und Embryonaltoxikologie
Haus 10 B, Spandauer Damm 130
14050 Berlin
Tel.: (030) 19 240 Notruf, 30 68 67 11 Verwaltung
Fax: (030) 30 68 67 21

Information, Beratung, Behandlung
Charité
Campus Virchow-Klinikum
Med. Fakultät der Humboldt-Universität zu Berlin,
Klinik für Nephrologie und Internistische Intensivmedizin
Augustenburger Platz 1
13353 Berlin
Tel.: (0 30) 450-5 35 55
Fax: (0 30) 450-5 39 15

BONN:
Information, Beratung, Behandlung [1])
Informationszentrale gegen Vergiftungen
Zentrum für Kinderheilkunde der Rheinischen Friedrich-Wilhelm-Universität Bonn
Adenauer Allee 119
53113 Bonn
Tel.: (02 28) 287-32 11
Fax: (02 28) 287-33 14
Internet: *http:/www.meb.uni-bonn.de/giftzentrale/*

[1]) Nur Kinder im Rahmen der allgemeinen Behandlung, keine Hämoperfusion.

ERFURT
Information und Beratung
Giftnotruf Erfurt
Gemeinsames Giftinformationszentrum der Länder Mecklenburg-Vorpommern, Sachsen, Sachsen-Anhalt und Thüringen
c/o Klinikum Erfurt
Nordhäuser Straße 74
99089 Erfurt
Tel.: (03 61) 7 30 73-11/-0 (Diensthabender)
Fax: (03 61) 7 30 73-17

FREIBURG
Information und Beratung
Universitätskinderklinik
Informationszentrale für Vergiftungen
Mathildenstraße 1
79106 Freiburg
Tel.: (07 61) 19 240
Fax: (07 61) 2 70-44 57

GÖTTINGEN
Information und Beratung
Giftinformationszentrum-Nord[1]) (GIZ Nord)
Zentrum Pharmakologie und Toxikologie der Universität Göttingen
Robert-Koch-Straße 40
37075 Göttingen
Tel.: (05 51) 19 24 0 oder 38 31 80
Fax: (05 51) 3 83 18 81
E-Mail: *giznord(med.uni-goettingen.de*
Internet: *http:/www.giz-nord.de*

[1]) der Länder Bremen, Hamburg, Niedersachsen und Schleswig-Holstein

GREIFSWALD
Information und Beratung
Institut für Pharmakologie der Ernst-Moritz-Arndt-Universität
Friedrich-Loeffler-Straße 23 d
17487 Greifswald
Tel.: (0 38 34) 86 56 28
Fax: (0 38 34) 86 56 31

HOMBURG
Information, Beratung, Behandlung
Universitätsklinikum, Klinik für Kinder- und Jugendmedizin
Informations- und Beratungszentrum für Vergiftungsfälle
Gebäude 9
66421 Homburg/Saar
Tel.: (0 68 41) 19 240
Fax: (0 68 41) 16 84 38

LEIPZIG
Information und Beratung
Toxikoligischer Auskunftsdienst – Institut für Klinische Pharmakologie
der Universität Leipzig
Härtelstraße 16–18
04107 Leipzig
Tel.: (03 41) 9 72 46 66
Fax: (03 41) 9 72 46 59

MAINZ
Information, Beratung, Behandlung (stationär)
Klinische Toxikolgie
Beratungsstelle bei Vergiftungen – Universitätsklinikum
Langenbeckstraße 1
55131 Mainz
Tel.: (0 61 31) 19 24 0 und 23 24 66
Fax: (0 61 31) 23 24 68

MÜNCHEN
Information, Beratung, Behandlung
Toxikologische Abteilung der II. Medizinischen Klinik rechts der Isar der
Technischen Universität München
Ismaninger Straße 22
81675 München
Tel.: (0 89) 19 24 0
Fax: (0 89) 41 40 24 67

NÜRNBERG
Information, Beratung, Behandlung
II. Medizinische Klinik, Klinikum Nürnberg-Nord
Flustraße 17
90430 Nürnberg
Tel.: (09 11) 3 98-24 51
Fax: (09 11) 3 98-21 92 Mo.–Fr. 8^{00}–16^{00}
                   22 05 Mo.–Fr. 16^{00}–8^{00}, Sa., So., Feiertage

ROSTOCK
Diagnostik und Behandlung für Kinder und Jugendliche
Landeszentrum für Diagnostik und Therapie von Vergiftungen
Universität Rostock, Medizinische Fakultät, Kinder- und Jugendklinik
Rembrandtstraße 16/17
18055 Rostock
Tel.: (03 81) 4 94-71 22 und 4 94-71 58 (Mo–Fr 8–14 h)
Fax: (03 81) 4 90-70 27

14 Beilage mit Fragenkatalog

Im beiliegenden »multiple choice«-Test mit über 300 Fragen haben Sie die Möglichkeit, Ihren Lernerfolg zu überprüfen und sich für Prüfungen vorzubereiten.
Lesen Sie die Fragen genau durch. Von den drei Antworten ist jeweils nur eine richtig. Kreuzen Sie diese an. Alle Fragen lassen sich durch das aufmerksame Lesen dieses Buches beantworten.
Die Lösungen finden Sie im Anschluß.

Fragen Nr.	**Thema**
101–139	Schadensursachen bei Pflanzen und Pflanzenerzeugnissen
201–215	Das Pflanzenschutzgesetz
301–320	Zulassung und Kennzeichnung von Pflanzenschutzmitteln
401–454	Eigenschaften, Wirkungen und Anwendungsverfahren von Pflanzenschutzmitteln
501–534	Integrierter Pflanzenschutz
601–614	Anwenderschutz
701–713	Verbraucherschutz
801–836	Schutz des Naturhaushalts
901–977	Verfahren und Geräte zum Ausbringen von Pflanzenschutzmitteln

Lösungen

Schadensursachen bei Pflanzen und Pflanzenerzeugnissen
Nr. 101 = b
Nr. 102 = b
Nr. 103 = a
Nr. 104 = a
Nr. 105 = c
Nr. 106 = b
Nr. 107 = b
Nr. 108 = b
Nr. 109 = c
Nr. 110 = c
Nr. 111 = a
Nr. 112 = c
Nr. 113 = c
Nr. 114 = a
Nr. 115 = a
Nr. 116 = a
Nr. 117 = a
Nr. 118 = b
Nr. 119 = b
Nr. 120 = b
Nr. 121 = b
Nr. 122 = c
Nr. 123 = c
Nr. 124 = b
Nr. 125 = a
Nr. 126 = a
Nr. 127 = b
Nr. 128 = c
Nr. 129 = b
Nr. 130 = a
Nr. 131 = b
Nr. 132 = b
Nr. 133 = a
Nr. 134 = b
Nr. 135 = b
Nr. 136 = c
Nr. 137 = b
Nr. 138 = a
Nr. 139 = a

Das Pflanzenschutzgesetz
Nr. 201 = b
Nr. 202 = c
Nr. 203 = b
Nr. 204 = b
Nr. 205 = a
Nr. 206 = b
Nr. 207 = c
Nr. 208 = a
Nr. 209 = b
Nr. 210 = c
Nr. 211 = c
Nr. 212 = c
Nr. 213 = c
Nr. 214 = b
Nr. 215 = a

Zulassung und Kennzeichnung von Pflanzenschutzmitteln
Nr. 301 = c
Nr. 302 = b
Nr. 303 = c
Nr. 304 = c
Nr. 305 = a
Nr. 306 = b
Nr. 307 = b
Nr. 308 = b
Nr. 309 = b
Nr. 310 = a
Nr. 311 = a
Nr. 312 = a
Nr. 313 = a
Nr. 314 = b
Nr. 315 = b
Nr. 316 = b
Nr. 317 = a
Nr. 318 = a
Nr. 319 = b
Nr. 320 = b

Eigenschaften, Wirkungen und Anwendungsverfahren von Pflanzenschutzmitteln
Nr. 401 = c
Nr. 402 = b
Nr. 403 = a
Nr. 404 = a
Nr. 405 = b
Nr. 406 = a
Nr. 407 = b
Nr. 408 = c
Nr. 409 = b
Nr. 410 = a
Nr. 411 = a
Nr. 412 = a
Nr. 413 = a
Nr. 414 = b
Nr. 415 = a
Nr. 416 = a
Nr. 417 = b
Nr. 418 = a
Nr. 419 = b
Nr. 420 = a
Nr. 421 = b
Nr. 422 = a
Nr. 423 = a
Nr. 424 = c
Nr. 425 = b
Nr. 426 = a
Nr. 427 = b
Nr. 428 = a
Nr. 429 = c
Nr. 430 = a
Nr. 431 = b
Nr. 432 = a
Nr. 433 = c
Nr. 434 = c
Nr. 435 = c
Nr. 436 = c
Nr. 437 = b
Nr. 438 = b
Nr. 439 = c
Nr. 440 = a
Nr. 441 = b
Nr. 442 = c
Nr. 443 = b
Nr. 444 = a
Nr. 445 = a
Nr. 446 = a
Nr. 447 = b
Nr. 448 = c
Nr. 449 = a
Nr. 450 = c
Nr. 451 = a
Nr. 452 = b
Nr. 453 = b
Nr. 454 = c

Integrierter Pflanzenschutz
Nr. 501 = b
Nr. 502 = a
Nr. 503 = a
Nr. 504 = b
Nr. 505 = b
Nr. 506 = a
Nr. 507 = b
Nr. 508 = b
Nr. 509 = a
Nr. 510 = b
Nr. 511 = c
Nr. 512 = b
Nr. 513 = c
Nr. 514 = b
Nr. 515 = a
Nr. 516 = b
Nr. 517 = b
Nr. 518 = c
Nr. 519 = b
Nr. 520 = b
Nr. 521 = a
Nr. 522 = b
Nr. 523 = b
Nr. 524 = a
Nr. 525 = a
Nr. 526 = b
Nr. 527 = b
Nr. 528 = a
Nr. 529 = b
Nr. 530 = b
Nr. 531 = b
Nr. 532 = c
Nr. 533 = c
Nr. 534 = b

Anwenderschutz
Nr. 601 = b
Nr. 602 = a
Nr. 603 = a
Nr. 604 = b
Nr. 605 = a
Nr. 606 = a
Nr. 607 = a
Nr. 608 = b
Nr. 609 = b
Nr. 610 = a
Nr. 611 = a
Nr. 612 = b
Nr. 613 = c
Nr. 614 = a

Verbraucherschutz
Nr. 701 = a
Nr. 702 = b
Nr. 703 = a
Nr. 704 = c
Nr. 705 = a
Nr. 706 = a
Nr. 707 = b
Nr. 708 = a
Nr. 709 = a
Nr. 710 = b
Nr. 711 = b
Nr. 712 = a
Nr. 713 = a

Schutz des Naturhaushaltes
Nr. 801 = a
Nr. 802 = a
Nr. 803 = b
Nr. 804 = a
Nr. 805 = a
Nr. 806 = c
Nr. 807 = b
Nr. 808 = a
Nr. 809 = b
Nr. 810 = c
Nr. 811 = b
Nr. 812 = a
Nr. 813 = c
Nr. 814 = c
Nr. 815 = b
Nr. 816 = a
Nr. 817 = b
Nr. 818 = b
Nr. 819 = a
Nr. 820 = a
Nr. 821 = a
Nr. 822 = a
Nr. 823 = a
Nr. 824 = b
Nr. 825 = b
Nr. 826 = a
Nr. 827 = a
Nr. 828 = a
Nr. 829 = a
Nr. 830 = a
Nr. 831 = b
Nr. 832 = b
Nr. 833 = a
Nr. 834 = a
Nr. 835 = b
Nr. 836 = b

Verfahren und Geräte zum Ausbringen von Pflanzenschutzmitteln
Nr. 901 = b
Nr. 902 = c
Nr. 903 = a
Nr. 904 = c
Nr. 905 = b
Nr. 906 = b
Nr. 907 = a
Nr. 908 = a
Nr. 909 = b
Nr. 910 = b
Nr. 911 = b
Nr. 912 = c
Nr. 913 = c
Nr. 914 = a
Nr. 915 = b
Nr. 916 = c
Nr. 917 = c
Nr. 918 = b
Nr. 919 = a
Nr. 920 = b
Nr. 921 = a
Nr. 922 = c
Nr. 923 = c
Nr. 924 = b
Nr. 925 = a
Nr. 926 = c
Nr. 927 = b
Nr. 928 = a
Nr. 929 = a
Nr. 930 = a
Nr. 931 = a
Nr. 932 = b
Nr. 933 = c
Nr. 934 = c
Nr. 935 = c
Nr. 936 = c
Nr. 937 = a
Nr. 938 = b
Nr. 939 = b
Nr. 940 = b
Nr. 941 = c
Nr. 942 = a
Nr. 943 = b
Nr. 944 = c
Nr. 945 = c
Nr. 946 = a
Nr. 947 = b
Nr. 948 = b
Nr. 949 = a
Nr. 950 = a
Nr. 951 = b
Nr. 952 = b
Nr. 953 = b
Nr. 954 = c
Nr. 955 = a
Nr. 956 = b
Nr. 957 = c
Nr. 958 = a
Nr. 959 = b
Nr. 960 = b
Nr. 961 = b
Nr. 962 = c
Nr. 963 = b
Nr. 964 = b
Nr. 965 = c
Nr. 966 = a
Nr. 967 = c
Nr. 968 = c
Nr. 969 = a
Nr. 970 = a
Nr. 971 = c
Nr. 972 = c
Nr. 973 = b
Nr. 974 = a
Nr. 975 = c
Nr. 976 = a
Nr. 977 = a

Stichwortverzeichnis

Abbau 44
Abbauverhalten 27
Abschlußzeugnis 12
Abschreckstoffe 56
Abschwemmung 78
Abtrift 36, 69, 76ff., 90, 104
Abtriftweiten 90
Abwaschung 40
Acker- und
 Wiesenrandstreifen 83
Ackerhohlzahn 15
ADI-Wert 104
Akarizid 33, 104
Akkumulierung 104
Akute Wirkung 104
Akutgifte 43
Anbautechnik 57
Anfälligkeit 104
Antagonismus 104
Antibiotika 104
Antidot 104
Antikoagulantien 104
Anwender, Schutz 102
–, Schutzkleidung 61
Anwenderschutz 31, 59
Anwendung von
 Krankheitserregern 55
– zu Versuchszwecken 10
Anwendungsbeschränkungen 64, 70
Anwendungsbestimmungen 23
Anwendungsgebiete 23, 29
Anwendungsverbot 59, 64, 70, 77
Anwendungsverordnung 64
Applikation 104
Arthropoden 104
Atemgift 104
Atemschutzmaske 60f.
Attractant 104
Auflaufen 104
Aufwanddiagramme 87
Aufwandmenge 38, 104
–, Ermitteln 98
Aufwandtabellen 87
Aufwandvolumen 95
Ausbildungsverhältnis 9
Ausbringen mit
 Feldspritzgeräten 90
– mit Luftfahrzeugen 90
Ausbringmenge 90
–, Einstellen 94
–, Kontrolle 94
Ausbringungsverfahren 85
Ausfallgetreide 15
Auslitern 95

Bakterien 18f.
Bakterizid 33, 104
Bandspritzgeräte 95ff.
Basal 104
Bayerisches Naturschutzgesetz 103
– Wassergesetz 102
Bazillen 104

Bazillus thuringiensis 55
BBA 26, 104
Befallsdruck 51
Befallsermittlung 50
Befallskontrollen 47
Befallsstärke 48
Begasen 85f.
Begasungsmittel 43
Behandlungszentren 63
Behörde, zuständige 10
Beizen 86, 105
Beizgeräte 92
Beizmittel 35
Bekämpfungskosten 48
Bekämpfungsschwelle 47f.
Bekämpfungsverfahren 51
–, biotechnische 56
–, chemische 57
–, direkte 54
–, indirekte 53
–, mechanische 55
Beseitigung von Restmengen 72
Bestandeskontrollen 51
BgVV 26, 105
Bienen, Schutz 103
Bienengefährdung 79
Bienenschutz 79
Bienenschutzverordnung 22, 26, 79, 103, 105
Biologische Bundesanstalt für
 Land- und Forstwirtschaft 26, 28
Biologische Schädlingsbekämpfung 105
Biologische Verfahren 55, 56
Biologische Bekämpfungsverfahren 47
Bioregulatoren 105
Biosphäre 105
Biotechnische Bekämpfungsmaßnahmen 47
Biotechnische Verfahren 56
Biotop 105
Biozid 105
Biozönose 105
Blatt- und Ährenkrankheiten 34
Blatt- und Spelzenbräune 34
Blattherbizid 105
Blattrandfraß 17
Bodenapplikation 105
Bodenbürtig 105
Bodenentseuchung 105
Bodenherbizid 36ff., 105
Bodenpflege 53f., 57
Bodenstruktur 16
Bohrfraß 17
Bormangel 21, 54
Brandkrankheiten 105
Braunfleckenkrankheit des
 Hafers 34
Breitbandherbizide 38
Brüherestmenge 72
Bundesartenschutzverordnung 103
Bundesgesundheitsamt 26
Bundesinstitut für gesundheit-

lichen Verbraucherschutz
und Veterinärmedizin 26f.
Bundesnaturschutzgesetz 103
Bußgeld 29, 80

Carbamat-Insektizide 41f.
Carcinogen 105
CCC 42
Chemikaliengesetz 24
Chemikalien-
 Verbotsverordnung 101
Chemische Bekämpfungsverfahren 57
Chemischer Pflanzenschutz 105
Chemosterilantien 105
Chlorierte Kohlenwasserstoffe 105
Chlorophyllverlust 38
Chlorose 106
Chronische Wirkung 106

Dauersporen 106
DDT 106
Desinfektion 106
Disposition 106
Dosierhinweise 87
Dosierung 88, 106
Dositestgeräte 93
Düngung 51, 53

Eingeschränkte
 Anwendungsverbote 70
Einwinterung 93
Einzel- und Versandhandel 11
Einzeldüsenausstoß 95
Einzelhandel 59
–, Pflanzenschutzmitteln 13
Ektoparasit 106
Emission 106
Emulgatoren 34
Emulsion 106
Endoparasit 106
Entscheidungsmodelle 50
Entwesung 106
Entwicklungsstadium 47
Entwicklungszustand 39
Epidemie 106
EPPO 106
Erbgutverändernd 27
Expertensysteme 50

Fachagrarwirt Landtechnik 12
Fadenwürmer 18
Fahrgeschwindigkeit,
 Ermitteln 97
Fallenfang 55
FAO 106
Fassungsbereich 75
Fauna 106
Feldspritze 95f.
Feldspritzgeräte 91
Fensterfraß 17

Fernsprech-Ansagedienst 51
Fliegende Sammelstellen 72
Flora 106
Florfliege 81
Florfliegenlarve 81
Flughafer 15
Förderungsprogramme, staatliche 83
Formulierung 106
Forstwirt 12
Forstwirtschaft 9, 11
Fraßbilder 17
Fraßgift 44, 107
Fraßquoten 81
Freilandflächen 71
Frostschutz 94
Fruchtfolge 15, 54, 107
Fruchtfolgeschädlinge 18
Fruchtkörper 107
Fungizid 33, 39, 107
Fusarium-Fuß- und -Ährenkrankheiten 34
Fußbekleidung 61

Gallen 107
Gartenbau 9, 11
Gärtner 12
Gebrauchsanleitung 25, 28f., 32, 88
Gefahrenbezeichnungen 30
Gefahrensymbole 29ff., 107f.
Gefahrgutverordnung 101
Gefahrstoffverordnung 101
Gefäßsystem 40
Gegenspieler 81
–, natürlicher 81
Geldbuße 25, 77
Gerätekontrolle 25, 93
Gesamtdüsenausstoß 96
Getreidezystenälchen 15
Gewässer 71
Gewebeverändernd 27
Gießen 85, 86
Giftigkeit 27
–, Chemikalien 69
Giftschrank 60
Granulat 98, 107
Granulatstreuer 92
Großgebinde 71
Grundwasser 10, 74
Grundwasserschutz 74
Gute fachliche Praxis 23, 47

Haferflugbrand 34
Haftgifte 43
Haftmittel 34, 107
Hahnenfuß 15
Halmbruch 15
Handelsname 28f.
Harnstoffherbizide 39
Haus- und Kleingartenbereich 24
Hausmüll 73
Haustorium 107
Hemmstoffe 56, 107
Herbizide 33, 36, 107
–, nicht selektive 39
–, selektive 39
–, Wirkungsweise 37

Herbizideinsatz 16
Herbstzeitlose 15
Höchstmenge 107
Höchstmengenfestsetzung 64
Höchstmengenverordnung 64
Honigtau 79f.

Imker 80
Immissionen 107
Infektion 19, 107
Infektionszeit 107
Informations- und Behandlungszentren für Vergiftungsfälle in der Bundesrepublik Deutschland 63, 118
Inkrustieren 86
Inkubationszeit 107
Innertherapeutische Wirkung 107
Insekten 17
Insektizide 33, 40, 107
–, Aufnahme 41
Insektizideinsatz 82
Integrierter Pflanzenschutz 12, 23, 46, 107
–, Grundsätze 47

Juvenilhormon 107

Kalküberschuß 21
Kamille 15
Kanzerogen 107
Karenzzeit 107
Kartoffelabbau 20
Karzinogen 107
Kaufraß 17
Keimhemmungsmittel 42
Kennbuchstaben 79, 108
Kenntnisse, fachliche 11
Kennzeichnung 26
Kleingartenbereich 80
Klettenlabkraut 15
Köderformen 43
Ködergerät 92
Ködermittel 108
Kohlenwasserstoffe, chlorierte 42
Kombinationspräparate 38
Kontaktfungizide 39
Kontaktgift 108
Kontaktherbizid 37
Kontaktmittel 36
Kontamination 108
Kontrollbetrieb 89
Kontrollstelle, amtlich anerkannte 88f.
Konzentration 108
Kopfbedeckung 61
Krankheitszyklus 108
Krebserregend 27
Kreislaufwirtschafts- und Abfallgesetz 103
Kulturmaßnahmen 47
Kulturpflanzenverträglichkeit 36
Kumulativ 108
Kupferpräparate 39
Kurative Wirkung 108
Kurzflügler 81

Länderbefugnis 13
Landwirt 12
Landwirtschaft 9
Landwirtschaftlicher Laborant 12
Landwirtschaftlich-technischer Assistent 12
Langzeitgifte 43
Larvizid 108
Latente Infektion 108
LD 50 108
Lebensmittel- und Bedarfsgegenständegesetz 102
Legeflinte 92
Leitunkräuter 15, 36, 108
Lochfraß 17
Lockstoffe 56, 108
Lösungsmittel 34
Lückenindikation 108
Luftfeuchtigkeit, relative 36

Magnesiummangel 21
Manganmangel 54
Mangelkrankheiten 21
Manotestgeräte 93
Marienkäfer 81f.
Marienkäferlarve 81
Maschinenhacke 54
Massenzucht 55
Mäuse 18
Mechanische Abwehrverfahren 19
Mechanische Bekämpfungsverfahren 47
Mechanische Verfahren 54
Meßstrecke 98
Metaboliten 44
Mikroorganismen 44, 108
Milben 18
Minierfraß 17
Mischungsmöglichkeiten 34
Mittel, selektiv wirkend 82
Molluskizide 33, 108
Monokotyle 108
Monokultur 108
Mutagen 108
Mykorrhiza 108
Mykotoxine 108
Myzel 108

Nachauflaufbehandlung 109
Nachauflaufmittel 112
Nachauflaufverfahren 38
Nachbaubeschränkungen 38
Nagetiere 18
Nährstoffmangel 21
Nährstoffüberschuß 20f.
Nahrungskette 109
Naßfäule 19
Naturhaushalt 10, 12, 71, 109
Natürliche Begrenzungsfaktoren 51
Natürlicher Gegenspieler 9
Nebelgeräte 92
Nebeln 85f.
Negativprognose 51, 109
Nekrose 109
Nematizide 33, 109
Nematoden 18

125

Nervengift 109
Netzfleckenkrankheit der Gerste 34
Netzmittel 34, 109
Niederschläge 40
No-effect-level 109
Nützlinge 47, 51, 81, 109
Nutzorganismen 27

Oberflächengewässer 74
Ökologie 109
Ökologisch 109
Ökologisches Gleichgewicht 109
Ökonomie 50
Ökosystem 109
Oral 109
Ordnungswidrigkeit 25, 29, 77
Originalpackung 59
Ovizid 109

Parasit 109
Pathogen 109
Perkutan 109
Persistent 110
Persönliche Anforderungen 101
Pestizide 110
Pflanzenentwicklung 51
Pflanzengesundheit 47
Pflanzenhygiene 110
Pflanzeninhaltsstoffe, abwehraktive 56
Pflanzenschäden 16
Pflanzenschutz 110
–, Ausbringen 85
–, biologischer 55, 56
–, Rechtsgrundlagen 101
Pflanzenschutzämter 27
Pflanzenschutz-Anwendungsverordnung 70, 77, 102
Pflanzenschutzbegriffe 104
Pflanzenschutzdienst 110
Pflanzenschutzgeräte 12f., 25, 85, 87
–, Einfüllmenge 99
–, Einsatz 90
–, Nachfüllmengen 99
–, Pflegen 93
–, Pflichtkontrolle von 88
–, sonstige 92
–, Warten 93
Pflanzenschutzgesetz 9, 22, 86, 101f.
Pflanzenschutzlaborant 12
Pflanzenschutzmittel 10f., 13, 22, 110
–, Abgabe von 11
–, Ansetzen von 60
–, Anwendung 10
–, Aufbewahrung 59
–, Begriffserklärungen 33
–, direkte 12
–, Einkauf 59
–, Feilhalten 11
–, Gefahren 62
–, Transport von 60
–, Unfälle 63
–, Verhalten 44
–, Versuchszwecke 10

–, Vorbeugemaßnahmen 62
–, Zulassung 25
–, Zulassungsverfahren 26
Pflanzenschutzmittelreste 12, 72
–, Beseitigung 73
Pflanzenschutzmittel-Verordnung 87f., 101
Pflanzenschutzmittelverzeichnis der BBA 68
Pflanzenschutzverfahren, indirekte 12
–, Übersicht 57
Pflanzenschutz-Sachkundeverordnung 11, 101
Pflanzenschutz-Warndienst 51f.
Pflanzenstärkungsmittel 25, 110
Pflanzgutbehandlung 34f.
Pflanzgutübertragung 19
Pflichtkontrolle 94
PflSchG 9
Pheromone 33, 110
Phosphorsäureester 41f.
Phosphorwasserstoff 43
Physiologische Erkrankungen 110
Phytohormon 110
Phytomedizin 110
Phytopathologie 110
Phytotoxizität 110
Pilzkrankheiten 15
Polytanette 92
Population 110
Populationsdynamik 110
ppb 65
ppm 65f., 110
ppt 65
Prädator 110
Präparatreste 73
Präventive Wirkung 110
Problemunkräuter 111
Prognose 111
Prognosesysteme 50f.
ProPhy 51
Prophylaktische Wirkung 110
ProPlant 51
Prozent 65
Prüfeinrichtungen, amtlich anerkannt 27
Prüfplakette 88f.
Prüfungsnachweis 89
Pyrethroide 40
–, synthetische 42

Qualitätseinbußen 21
Quantitestgerät 93
Quarantäne 111

Radnetzspinnen 82
Ratten 18
Raub- und Springspinnen 82
Raubmilbe 81f.
Raubwanze 81f.
Räuchermittel 111
Rechtsverordnung 10
Rechtsvorschriften 12, 101
–, Harmonisierung der 22
Reihenstreugerät 98

Reinigung der Pflanzenschutzgeräte 74
Relative Luftfeuchtigkeit 36
Repellent 19, 33, 111
Resistenz 16, 111
Resistenzbildung 40
Resistenzzüchtung 56
Restmengen, beseitigen 71f.
Rhynchosporium-Blattfleckenkrankheit 34
Risikosätze 31
Rodentizide 33, 43, 111
R-Satz 111
Rückenspritze 95f.
Rückstände 9, 64, 111
Rückstands-Höchstmengen 66
Rückstands-Höchstmengenverordnung 67, 102
Rückstandsverhalten 27

Saat- und Auflaufkrankheiten 34
Saatgutbehandlung 34
Saatgutbürtige Krankheitserreger 34
Saatgutinkrustierung 35
Saatgutpillierung 35
Saatgutpuder 35
Saatstärke 54
Saattechnik 54
Saattiefe 54
Saatzeit 54
Sachgerechte Verwendung 25
Sachkunde 9, 24
Sachkundenachweis 11, 13
Sachverständige 26
Sachverständigenausschuß 27
Samenbürtig 111
Sammelstellen 73
Saprophyt 111
Säugetiere 18
Schädling, typischer 17
Schadbild, typisches 17
Schadenshöhe 48
Schadensschwelle 47
–, wirtschaftliche 13, 47ff.
–, Faktoren 50
Schadensursachen 15f., 21
Schadenswahrscheinlichkeit 47, 53
Schaderreger 20, 40
Schaderregerdichte 48
Schaderregergruppen 40
Schädling 111
Schädlingspopulation 50
Schadnager 43
Schadorganismen 20, 22, 47
Schadorganismendichte 47
Schadpilze 39
Schaumbremser 34
Schlupfwespen 82
Schnecken 18
Schneeschimmel 34
SchorfExpert 51
Schutzanzug 61
Schutzbelag 39
Schutzbrille 61
Schutzgebote 31
Schutzhandschuhe 60f.
Schutzhinweise 31

126

Schutzkleidung 61
Schutzmaßnahmen 12
Schutzzone 74f.
Schwächeparasiten 111
Schwebfliegenlarve 81
Schwefelpräparate 39
Sekundärvergiftungen 43
Selbstbedienung 11, 59
Selbstentseuchung, biologische 53
Selbstvernichtungsmethode 55
Selektivität 111
Sicherheitshinweise 31
Sicherheitsstandard 22
Simulationsmodell 51
Skelettierfraß 17
Sondermülldeponie 72
Sorte 51
–, anfällige 53
–, resistente 53
Spelzenbräune 34
Spinnmilben, pflanzenschädliche 18
Sporen 15
Spritzbrühe 85
Spritzen 85
Spritztechnik 37
Sprühen 85
Sprühgerät 91, 95f.
Spülwasser 93
Spurenelemente 21
S-Satz 111
Standort 50
Standortwahl 53
Standweite 54
Stäuben 85f.
sterile-male-Technik 55
Stoffwechsel 40
Streckmittel 34
Streichen 85f.
Streifenkrankheit der Gerste 34
Streuen 85f.
Sulfonylharnstoff-Mittel 38
Suspension 111
SYMPHYT 51
Symptom 111
Synergistisch 111
Synthetisch 111
Systemisch wirkende Fungizide 40
Systemische Wirkung 111

Tagesdosis, duldbare 64
Teilchengröße 86
Teilflächenbehandlung 47
Telefax und Online-Dienste 51
Telefonische Anrufbeantworter 51
Temperatur 36
Teratogen 111
Thermik 90
Tiefenwirkung 40
Tierschutz 31
Tierschutzgesetz 83, 103
Tierversuch 64, 66
Toleranz 112
Totalherbizid 112
Toxikologie 112

Toxin 112
Toxizität 112
Trinkwasserschutz 74
Trinkwasserverordnung 102
Trinkwasserversorgung 74

UBA 26
ULV-Technik 112
Umbruch 69
Umwandlungsprodukte 45
Umweltbelastung 9, 16, 90
Umweltbundesamt 26f.
Umweltchemikalien 28
Umweltfaktoren 112
Umweltschutz 112
Ungräser 15
Unkrautbekämpfung, mechanische 54
Unkräuter 15
Unverträglichkeiten 27

Vektoren 19, 112
Verbraucherschutz 64, 70, 102
Verbrennen 85f.
Verdampfen 85f., 90
Vergiftungen 63
Vergrämungsmittel 35
Verkäufer von Pflanzenschutzmitteln 24
Versandhandel 59
Versickerungsverhalten 27
Verunreinigung von Oberflächen 77
Veterinärmedizin 27
Viren 19
Virose 112
Virusübertragung 19
Vögel 19
Vogelfraß 35
Vollständige Anwendungsverbote 70
Vor- und Nachauflaufmittel 39
Vorauflaufmittel 112
Vorauflaufverfahren 38
Vorratsschädling 112
Vorratsschutz 112
Vorsaat-Einarbeitungsmittel 38
Vorsaat-Einarbeitungsverfahren 38
Vorsaatmittel 112
Vorsorgemaßnahmen 78

Wachstumsregler 42, 112
– auf Chlormequat-chlorid-Basis 42
– auf Ethephon-Basis 43
– auf Trinexapac-ethyl-Basis 43
Wachstumsreglereinstz 16
Warmblütergiftigkeit 42
Warndienst 112
Warndienstabonnement 51
Warnfarbstoffe 34
Wartezeit 29, 31, 67f., 113
Wartung 93
Waschwasser 61, 93
Wasseraufwand 91

Wasserbedarf, Ermitteln 95
Wassergefährdung 77
Wasserhaushaltsgesetz 74, 102
Wasserschutz 31, 70
Wasserschutzauflage 77
Wasserschutzgebiet 74f.
Wasserschutzgebiets-Auflage 59, 77
Wasserverunreinigung 78
Wasserwirtschaftsamt 76
Webspinne 81
Weichkäfer 81
Weizen- und Gerstenflugbrand 34
Weizenmodell Bayern 51
Weizensteinbrand 34
WHO 113
Widerstandskraft 16
Wiesenbrüter 83
Wildschutz 83
Windgeschwindigkeit 90
Winzer 12
Wirkstoffdepot 40
Wirkstoff 33, 113
Wirkstoffgruppen 38, 41
Wirkstoffkombination 40
Wirkstoffkonzentration 64
Wirkstoffmanagement 78
Wirkstoffname 29
Wirkstoffreste 45
Wirkstoffwechsel 40
Wirkung, lokale 40
–, systemische 40f., 111
Wirkungsdauer 40
Wirkungsspektrum 113
Wirkungsweise 40
Wirt 113
Wirtschaftliche Schadensschwelle 13, 49, 147f.
Witterung 16
Witterungsvoraussetzungen 36
Wuchsstoffähnliche Mittel 36
Wuchsstoffe 36
Wuchsstoffherbizid 37
Wühlmäuse 18
Wundparasit 113
Wurzelunkräuter 36

Zulassung 26
–, amtliche 27
Zulassungsantrag 27
Zulassungsnummer 28f.
Zulassungszeichen 28f.
– der BBA. 30
Zusatzstoffe 33, 113
Zystennematoden 18

Lesen – wissen – profitieren

Wichtige Arbeitshilfen aus dem Bereich der pflanzlichen Produktion

Martin Hanf
Ackerunkräuter Europas
mit ihren Keimlingen und Samen

Manfred Estler / Harry Knittel
Praktische Bodenbearbeitung
Grundlagen, Gerätetechnik, Verfahren, Bewertung

Rudolf Heitefuss / Klaus König / Alfred Obst / Manfred Reschke
Pflanzenkrankheiten und Schädlinge im Ackerbau

Die Landwirtschaft, Band 1: Pflanzliche Erzeugung

Helmut Sturm / Anton Buchner / Wolfram Zerulla
Gezielter düngen
Integriert – wirtschaftlich umweltgerecht

Hans Kees u. a.
Unkrautbekämpfung im integrierten Pflanzenschutz
Ackerbau, Feldgemüse, Grünland

VERLAGS UNION AGRAR